Friedrich Eiselen

Geschichte des deutschen Schulwesens in Frankfurt am Main

Bis zur Gründung der Musterschule; die ersten Jahre dieser Anstalt selbst und ihre beiden ersten Oberlehrer

Friedrich Eiselen

Geschichte des deutschen Schulwesens in Frankfurt am Main
Bis zur Gründung der Musterschule; die ersten Jahre dieser Anstalt selbst und ihre beiden ersten Oberlehrer

ISBN/EAN: 9783743491328

Hergestellt in Europa, USA, Kanada, Australien, Japan

Cover: Foto ©ninafisch / pixelio.de

Manufactured and distributed by brebook publishing software
(www.brebook.com)

Friedrich Eiselen

Geschichte des deutschen Schulwesens in Frankfurt am Main

FESTSCHRIFT

zur Eröffnung des neuen Gebäudes
der
Musterschule

am 11. October 1880

verfasst von

Direktor Dr. F. Eiselen.

Geschichte des deutschen Schulwesens in Frankfurt am Main bis zur Gründung der Musterschule; die ersten Jahre dieser Anstalt selbst und ihre beiden ersten Oberlehrer.

Anhang I. Aelteste Schulordnung für die deutschen Schulen zu Frankfurt a. M. von 1591.
    » II. Die erste öffentliche Prüfung in der Musterschule 12. und 13. Juli 1804.
    III. Das erste Schülerverzeichnis der Musterschule von 1804.
    » IV. Pläne des neuen Schulgebäudes und der Turnhalle.

Frankfurt am Main.
Druck von Mahlau & Waldschmidt
1880.

FESTSCHRIFT

zur Eröffnung des neuen Gebäudes
der
Musterschule

am 11. October 1880

verfasst von

Direktor Dr. F. Eiselen.

Geschichte des deutschen Schulwesens in Frankfurt am Main bis zur Gründung der Musterschule; die ersten Jahre dieser Anstalt selbst und ihre beiden ersten Oberlehrer.

Anhang I. Aelteste Schulordnung für die deutschen Schulen zu Frankfurt a. M. von 1591.
  » II. Die erste öffentliche Prüfung in der Musterschule 12. und 13. Juli 1804.
  » III. Das erste Schülerverzeichnis der Musterschule von 1804.
  » IV. Pläne des neuen Schulgebäudes und der Turnhalle.

Frankfurt am Main.
Druck von Mahlau & Waldschmidt.
1880.

1880. Progr. No. 342.

Das mittelalterliche Schulwesen zu Frankfurt am Main bewegte sich ganz in den allgemeinen Bahnen der Zeit.¹) Es schloß sich an die geistlichen Stifter an, deren Scholasticus das Aufsichtsrecht übte über die zum Stift gehörige Schule. Solche Stiftsschulen waren zu St. Bartholomäi, bei Liebfrauen und St. Leonhard, jede unter ihrem Scholasticus, ohne daß der Rat der Stadt irgendwelchen Einfluß auf sie hatte oder eine Aufsicht über sie ausübte. Stadtschulen, wie in manchen Städten des nördlichen Deutschlands und namentlich auch in den Niederlanden, oder Kirchspielschulen gab es nicht.²) Erst in Folge der humanistischen Bewegung that die Stadt etwas für den Unterricht. Ein »Poet,« der im Jahre 1496 eine Zeit lang in Frankfurt verweilt, »den Jungen in Poesie zu lesen,« erhält auf sein Ansuchen vom Rat zwei Gulden »zu einer Verehrung.« Als Poet wird auch Nesen, der Gründer des Frankfurter Gymnasiums, vom Rate berufen. In den Ratsprotokollen wird er z. T. schlechtweg, ohne Namennennung, als der Poet bezeichnet. In seiner Person zieht aber neben dem Humanismus zugleich der Geist der religiösen Reformation in das Frankfurter Schulwesen ein.³) Indem ihm der Rat eine Besoldung von 50 Gulden das Jahr und freie Wohnung gewährt, ist der Anfang zum städtischen Schulwesen gemacht, wenn auch Nesen »einen tüchtigen Jungen mit ziemlicher Besoldung,« um den er 1522 den Rat bittet, zunächst nicht erhält. Er muß sich selbst helfen. Von fester Anstellung ist natürlich bei dem Rektor der sich nun ausbildenden lateinischen Stadtschule ebenso wenig die Rede, wie bei den allmählich hinzukommenden andern Lehrern. Verträge auf kürzere Zeit werden geschlossen und dann erneuert oder gekündigt. Neben dieser neuen lateinischen Schule treten bald die alten Stiftsschulen mehr und mehr zurück, bis sie schließlich, die Domschule ausgenommen, ganz verschwinden. Jene lateinische Schule hingegen, vom Humanismus geboren und von der Reformation großgezogen, blüht bald auf.

Die Anfänge des deutschen Schulwesens gehören auch jener Gährungszeit an, in welcher zwar der Rat die Reformation noch nicht angenommen hatte, aber in der schon der Geist dieser Bewegung in Frankfurt sich geltend machte. 1517 finden sich Spuren eines deutschen

---

¹) Vergl. Helfenstein, Die Entwickelung des Schulwesens u. s. w. der freien Stadt Frankfurt a. M. Frankfurt 1858.
²) In der zweiten Hälfte des 16. Jahrhunderts kommt allerdings ein »Schuldiener« bei St. Peter vor, aber er ist unter ganz gleichen Verhältnissen Schulmeister, wie die andern deutschen Schulmeister Frankfurts zu jener Zeit auch. An eine parochiale Zugehörigkeit ist nicht zu denken, auch nicht, wenn der dortige Schulmeister, wie es öfter vorkommt, zugleich Vorsänger in der Kirche zu St. Peter ist.
³) Heißt es doch im Extrakt aus dem Ratsbuch, Kirchen- und Religionswesen betreffend, beim Jahre 1521: Erbarer Rath soll ein Schulmeister haben, der Luthern anhangen soll und Luthers Bücher in Teutsch transferirt.

Schulmeisters zu Sachsenhausen.[4]) In diesem und im folgenden Jahre bittet auch ein Schulmeister, Johann Kolb, genannt Aschenburger (Aschenburg), ihm um Gottes und Barmherzigkeit willen zwei Söldnern gegenüber zu seinem verdienten Liedlohn zu verhelfen.[5]) Dieser Kolb ist also der erste deutsche Schulmeister zu Frankfurt, dessen Name sich feststellen läßt. Das Bedürfnis, die evangelischen Schriften der Jugend bekannt zu machen, gab neuen Anstoß zur Gründung deutscher Schulen. 1531, Dienstag nach Albani, bittet Jakob Medenbach,[6]) den man bisher immer irrtümlich als den ersten deutschen Schulmeister Frankfurts bezeichnet hat, den Rat um die Erlaubnis, sein Handwerk als Schuhmacher aufgeben zu dürfen, um eine Schule aufzurichten, in welcher er Schreiben und Lesen lehren will und daneben die evangelischen Schriften erklären »und mit ungespartem Fleiß dasselbige in die Jugend einführen.« Medenbachs Vergangenheit war gerade nicht sehr empfehlend, er hatte 1530 im Schuhmacherhandwerk Bankerott gemacht (»seine Schuld angezeigt«), aber seine Bildung steht, nach dieser und einer späteren Eingabe zu schließen, höher als die Bildung verschiedener Schulgehilfen der zweiten Hälfte des 18. Jahrhunderts, welche sich nach mehrjähriger stellvertretender Amtsthätigkeit um eine erledigte Schulstelle bewarben. Der Rat nahm keinen Anstoß an Medenbachs Bankerott und genehmigte sein Gesuch. Im Jahre 1532 hat er schon 70 und mehr Schüler um sich versammelt. Im Herbst dieses Jahres muß er sich aber beim Rat wegen einer gewaltthätigen Geltendmachung seines lutherischen Eifers in der Pfarrkirche (Bartholomäuskirche) rechtfertigen. Er hatte nämlich gegen Abend, als er von der Brücke kam, seinen Weg durch die Pfarrkirche nehmen wollen, welche seit 1531 beiden Religionsparteien gleichmäßig zu benutzen gestattet war, und in der es an ärgerlichen Auftritten auch sonst nicht fehlte, und war gerade nach dem Salve regina zur Fürbitte eines katholischen Geistlichen für eine kranke Frau gekommen. Dabei entspann sich zwischen ihm und der Fladenbäckerin aus der Borngasse, welche der katholischen Kirche anhing, ein Gespräch über die Fürbitte für Verstorbene. Dieses nahm bald eine so heftige Wendung, dass Medenbach, wie er es darstellt, zur Abwehr seiner Gegnerin einen Stoß »mit der flachen Hand« vor die Brust gab, daß sie infolge dessen, er weiß nicht wie, auf eine Bank zu sitzen kam. Deshalb beim Rat verklagt, verteidigte er sich, aber nicht mit ausreichendem Erfolge, denn er kommt ins Gefängnis, aus dem er jedoch »auf einen rechten Urfrieden« ausgelassen wird, nachdem ihm »ernstlich zu wege gesagt« worden ist. Jedenfalls hat er auch jetzt nicht dauernd die Gunst des Rats verscherzt; wenigstens darf er 1543 wagen, um Überlassung der Rothen Badstube[7]) zu einer Schulstube zu bitten. Die Kastenherrn[8]) besichtigten auch im Auftrage des Rats diese Badstube, in der sie einige Einrichtungen nötig fanden, nach deren Herstellung dieselbe wahrscheinlich an Medenbach überlassen wurde,

---

[4]) Somit ist die Behauptung der deutschen Schulhalter von 1758 bezüglich der Entstehung des deutschen Schulwesens gleich im Anfang der Reformationszeit richtig, dass dieser erste Schulmeister aber jener von ihnen genannte ehemalige Mönch Roth von Kronenburg (Crosberg) gewesen sei, ist nicht nachweisbar.

[5]) Auffallender Weise sind diese Aktenstücke, welche sich im I. Bande der Schulakten des städtischen Archivs befinden, bisher übersehen.

[6]) Nicht Johann Medebach, wie Kirchner in der Geschichte der Stadt Frankfurt schreibt. Er ist demnach nicht der erste deutsche Schulmeister überhaupt, sondern wahrscheinlich der erste lutherische in Frankfurt.

[7]) Nach Lersner I, 2, 58 waren zwei Badstuben in Frankfurt. Bei dem Jahre 1466 erwähnt er eine weiße Badstube (II, 1, 218). Über die Badstuben im allgemeinen und die Lage der rothen Badstube an der Fahrgasse, s. Batton, Örtliche Beschreibung der Stadt Frankfurt a. M., Heft 2, S. 191 ff.

[8]) Die Vorsteher des 1531 gestifteten allgemeinen Almosenkastens, s. H. Meidinger, Frankfurts gemeinnützige Anstalten, S. 97.

wenn sie auch später wieder als Badstube in Gebrauch genommen worden ist.[9]) Übrigens scheint der Rat ab und zu vorübergehend ein Zimmer zu Schulzwecken hergegeben zu haben, wenigstens bittet im November 1581 der Schulmeister Alleinz, als er das bisher benutzte Haus in der Schnurgasse verlassen muß, um Verleihung einer Schulstube im Kasten, wenn auch nur auf einige Zeit. Im Jahre 1545 begegnet uns dann in den Ratsprotokollen ein weiterer Schulmeister, Matthis Reitter,[10]) der auch als Vorsänger bezeichnet wird. Er führt mit Erlaubnis des Rats, der ihm sogar die Dielen zum Gerüst vom Brückhof liefern läßt und einen halben Schilling Gulden als Geschenk verehrt, auf dem Römerberge die Historie von der Susanne auf. In den Sechzigern des 16. Jahrhunderts klagt dann ein Schulmeister von St. Peter[11]) über das unordentliche und lästige Singen der armen Schüler um Almosen auf den Straßen und vor den Häusern.

Alle diese Schulmeister sind zwar nicht vom Rat berufen, aber sie bedürfen seiner Erlaubnis zur Errichtung einer Schule und stehen ebenso wie die durch die reformatorische Bewegung herbeigerufenen Predikanten unter des Rats Aufsicht. Die zur Beaufsichtigung der letzteren bestimmten Deputierten des Rats, die Freunde zu den Predikanten, werden bald Freunde zu den Predikanten und Schulen. Wesentliche Beihilfe gewährte der Rat nicht; er half etwa, wenn er angerufen wurde, zu dem Schulgelde (Liedlohn), oder räumte allenfalls einmal auf Zeiten eine öffentliche Stube zur Schulstube ein.

Neben diesen deutschen Schulmeistern findet sich 1554 nach Lersners Chronik (I, 2, 26) ein französischer Schulmeister. Im Jahre 1554 nämlich waren nach dem Tode Eduards VI. bei der Thronbesteigung Maria der Katholischen unter Führung von Valerandus Polanus[12]) (Valérian Poullain) eine Anzahl nach England geflüchteter reformierter Niederländer wieder von dort, wo sie früher Aufnahme und Duldung gefunden, nach Frankfurt geflüchtet, um ihrer Religion ungestört leben zu können, zunächst 24 Familien, meist Bursatmacher,[13]) fleißige, betriebsame Leute, nicht ohne Vermögen, denen bald mehr folgen sollten, auch Engländer unter ihnen. Sie hatten auch einen Schulmeister, George Maupan, neben dem bald mehrere andere auftreten; war doch die Bildung in den Niederlanden weit vorgeschritten und das Schulwesen früh ausgebildet. Bei der 1569 schon auf 1300 Köpfe gewachsenen Zahl dürfen wir wohl das Vorhandensein mehrerer Schulmeister annehmen, später begegnen uns auch einige Namen solcher französischer und reformierter Schulmeister und zwar mehrere zu derselben Zeit. Wie weit sie überhaupt vom Rat anerkannt waren, ist zweifelhaft; später wurden sie jedenfalls in das ungünstige Schicksal der Reformierten überhaupt mit hineingezogen.

Mit ihnen sind die vom Rat bestätigten französischen Schulmeister der lutherisch-rechtgläubigen Antorffer (Antwerpener) Gemeinde nicht zu verwechseln. Es hatten sich nämlich seit der Verfolgung der Evangelischen zu Antwerpen (Antorff) durch den Herzog Alba, und namentlich seit der Einnahme der Stadt durch Alexander Farnese von Parma (1585) viele, z. gr. T. welsche, d. h. französisch sprechende Lutheraner[14]) nach Frankfurt geflüchtet und

---

[9]) 1570 kommt ein Bader zur rothen Badstube vor, und 1597 ist sie nach Lersner II, 2, 36 noch im Gebrauch. Aufgehoben wurde sie erst 1809.
[10]) Gedruckt bald Ritter, bald Reuter.
[11]) S. Anm. 2.
[12]) Ein geborner Edelmann aus Ryssel in Flandern und Prediger jener Flüchtigen.
[13]) Borsat, ein damals namentlich in den Niederlanden gebräuchliches Halbzeug, s. Kirchner.
[14]) Vgl. Kirchner, Band 2, Buch 9, Kap. 17 und 18, und Johannes Lehnemann, Historische Nachricht von der vormals im 16. Jahrhundert berühmten evangelisch-lutherischen Kirche in Antorff und der daraus entstandenen niederländischen Gemeinde Augspurger Konfession in Frankfurt a. M. Frkft. a. M. 1725.

ihr Kirchen- und Schulwesen hierher zu verpflanzen gesucht. Bei dieser Gemeinde nimmt Laurentz Alleinz,¹³) auch vom Hofe genannt, dem wir als deutschem und dann als französischem Schulmeister oft in den Akten begegnen, eine angesehene Stellung ein. Schon seit 1573 Bürger Frankfurts, ist er bei allen wichtigen Vorgängen des deutschen Schulwesens beteiligt, bei seiner Gemeinde ist er Vorsänger und einer ihrer ersten Diakonen, übersetzt auch Luthers Katechismus ins Französische, um die französischen Katechismen reformierter Konfession zu verdrängen. ¹⁴) Er war des Französischen wie des Hochdeutschen mächtig. Schon 1578 kommt er in den Ratsprotokollen als deutscher Schulmeister vor, indem er um Erlaß einer Strafe bittet, zu der er wegen Überschreitung der Ordnung für Hochzeiten verurteilt ist, weil er zu seiner Hochzeit zwei Personen zu viel eingeladen hat. Um eine französische Schule bittet er erst 1597, in welchem Jahre auch Georg von Lauen, der ebenfalls aus Antorff eingewandert war und der 1591 auch als deutscher Schulmeister die erste deutsche Schulordnung Frankfurts unterzeichnet hat, um Verleihung der erledigten französischen Schule des Jacques de Voss einkommt.

Unter diesem Aktenstücke finden wir noch einen dritten Antorffer, Cornelius de Ram. Dieser war 1590 von Antorff nach Frankfurt gekommen, hatte unter Vorlegung seines niederländisch und lateinisch geschriebenen Abschiedsbriefes von jener Stadt das Bürgerrecht nachgesucht und erhalten und war dann unter die deutschen Schulmeister eingetreten. Auch Servatius Lewardt, dessen Frau eine französische Schule hielt und die bestätigte Schulordnung 1601 unterschrieben hat, scheint ein Niederländer gewesen zu sein, seinem Berufe nach ein Bierbrauer. Als erster französischer Schulmeister dieser Antorffer wird jener schon erwähnte Jacques de Voss (Jakob de Foess) genannt, dessen Schule 1597 durch seinen Tod erledigt wurde. Im Frankfurter Schulwesen ist dieses niederländische Element, wie sich später noch mehr zeigen wird, von besonderer Bedeutung.

Wie schon bemerkt, hatte bald nach der Annahme der Reformation der Rat der Stadt Frankfurt auch die Schulhoheit in die Hand genommen; nach Lersner (II, 2, 107) seit 1537 in geordneter Form. In den Ratsprotokollen kommen zuerst 1543 für die Schubachen Rats-Deputierte vor als »Freunde, hiervor den Predikanten zugeordnet;« Kirche und Schule wird zusammengefaßt. Noch 1544 heißen sie Verordnete zu den Predikanten, erst 1579 Verordnete zu den Predikanten und Schulen und endlich 1584 die Herrn Scholarchen oder Schulherrn, ¹⁷) so daß jetzt die Schule den Namen bestimmt. Zunächst waren es drei, später vier. Ihre Aufsicht sollte sich auch auf der Pfaffen Schulen erstrecken, damit diese in wesentlichem Gang blieben und die Jungen fleißig zur Lehr angehalten würden. ¹⁸) Somit nahm der Rat auch das Recht der Scholastici an sich, oder wenigstens ein Oberaufsichtsrecht in deren früher von Seiten des Rats unbeschränktem Gebiete. Daß die Aufsicht sich auch auf die Schule zu den Barfüßern (das Gymnasium) bezog, versteht sich von selbst.

Aber sie erstreckte sich wenig ins Innere der Schule. ¹⁹) 1579 fand zwar eine Beratung über die Kirchen- und Schulordnung statt, über welche die Scholarchen den 4. Juni an den Rat

---

¹³) Lehnemann, S. 131.
¹⁴) Er schlägt eine Anzahl »unverfänglicher,« d. h. nicht calvinistischer französischer Bücher zur Einführung in den französischen Schulen vor, damit man nicht wegen des vorgeblichen Fehlens derselben calvinistische Bücher gebrauche. Der rechtgläubige Eifer, welcher selbst in Antwerpen während der schlimmsten Verfolgungszeit Lutheraner und Reformierte einander feindlich gegenüber gestellt hatte, begleitete sie auch in die Verbannung.
¹⁷) Extrakt aus dem Ratsbuch, Religion und Kirchenwesen betreffend. 1521—1643.
¹⁸) Lersner II, 2, 110 beim Jahre 1647.
¹⁹) Wir lassen hier unserer Aufgabe gemäß das Gymnasium außer Betracht.

berichten, aber dieselbe setzte keine näheren Ansprüche fest, welche an den Schulmeister zu machen seien, außer bezüglich seines Glaubens. 1583 wenigstens verlangen die Predikanten, daß niemand zum Schulmeister bestellt werden solle, er sei denn vorher von ihnen examiniert, »was Glaubens er sei.« Diese Glaubenswacht ließen sich die Predikanten angelegen sein; so bringen sie am 8. Mai 1550 beim Rat an, daß die Pfaffen zu St. Bartholomäi ihren Schulmeister abgeschafft und zwei Jesuiten an seiner Statt angenommen, die schon bei 40 Kinder unter ihrer Hand hätten. Besonders richtete sich aber ihre Aufmerksamkeit auf die calvinistischen Irrlehren. Die Duldsamkeit, nach welcher 1556 der Rat die Widmung der von Calvin verfaßten *Harmonia Evangelica* entgegengenommen und ihm 40 Goldgulden dafür verehrt hatte, ging bald vorüber infolge der Aufhetzung durch die lutherischen Predikanten, welche auch bei dem Rektor der Barfüßerschule, Knipius Andronicus (Kneip von Andernach) schlimme Ketzereien aufspürten. Es ging allmählich soweit, daß 1592 eine »Klage sämmtlicher E. E. Raths bestellter Predikanten« eingereicht wurde, »waß schädliche ärgernus und vnheil so wohl in der Kirchen als Politischen Regiment sich eräugne, indem den frembden der Calvinischen Secte zugethanen Prediger und Schulen ihres gefallens zu bestellen tacite gestattet wird.« So wurde denn endlich den Reformierten der letzte schwache Rest ihres Gottesdienstes verboten und auch die französisch-reformierten Schulmeister wurden vertrieben, an welcher Agitation sich auch die rechtgläubigen Schulmeister lebhaft beteiligten, um so mehr, als wohl ein solcher der reformierten Irrlehre verdächtiger Mann, wie Jean Sauvage, der neben einer französischen auch eine sehr besuchte deutsche Schule hatte, ihnen Abbruch that. So müssen 1592 Jean de Roy und Jean de Massys weichen, die allerdings das Schulrecht nie erhalten hatten; so zieht es auch Jean Sauvage vor, unter Entrichtung des 10. Pfennigs sein Bürgerrecht aufzugeben und 1597 nach Hanau zu ziehen, wo viele Reformierte Zuflucht fanden. Der Verdacht, die Jugend zu verführen, haftet aber noch ferner an seiner Tochter, Klappeters Hausfrau, die eine Winkelschule hält.

Auch die weitere Ausdehnung der Ansprüche an die Vorbildung eines deutschen Schulmeisters in dem Erlaß von Bürgermeister und Senat vom 4. September 1690 (erneuert den 9. Mai 1726) hatte nicht viel auf sich. Es wurde zwar die Permission der Scholarchen zur Bedingung für die Errichtung einer Schule gemacht, und diese sollte nur stattfinden nach vorgängiger Einziehung behöriger Kundschaft durch das Ministerium wegen der Studien, Lehre und Lebenswandels des Bewerbers; aber auch jetzt wurden die vorgängigen Studien am wenigsten beachtet, es kam wesentlich auf den Glauben an. Wenn Helfenstein schon für das Jahr 1600 anführt, daß Johann Wollenstein eine Schreib- und Rechenschule auf überreichte Probestücke habe eröffnen dürfen, so waren das offenbar freiwillige Vorlagen zu seiner Empfehlung, wie sie auch später öfter bei einer Bewerbung eingereicht wurden. Der Rat nahm das Aufsichtsrecht für sich in Anspruch, aber den wesentlichsten Teil der Aufsicht überließ er den Predikanten, die sich, wie schon gesagt, hauptsächlich nur um die rechte Lehre scheinen bekümmert zu haben, wenigstens bezüglich der deutschen Schulen.

Bei der wachsenden Zahl der Schulen empfanden aber auch die Schulmeister ihrerseits das Bedürfnis einer Ordnung ihrer Verhältnisse, welche natürlich dem Geiste der Zeit gemäß nur eine zünftige sein konnte. Die nächste Veranlassung war die Unsicherheit des Liedlohnes bei dem Mangel irgendwelcher Bestimmung über den Übergang eines Schülers aus einer Schule in eine andere. Um eine Festsetzung der Lehrweise handelte es sich nicht, selbst die von ihnen beantragten Visitationen durch Scholarchen und Predikanten sollten mehr Gelegenheit geben, Beschwerden über Übelstände nach dieser Seite hin vorzubringen, als den innern guten Stand der Schulen zu sichern. Den hauptsächlichsten Anstoß gaben auch hier allem Anschein nach die Antwerpener Ausgewanderten, denn gleich den ersten Eingaben ist ein hochdeutscher Auszug aus der Antorffer Schulordnung ¹⁹) von 1468 beigegeben, welche auch unzweifelhaft der ältesten Frankfurter Schulordnung zu Grunde liegt, und unter den ersten Aktenstücken finden wir jene schon vorher angeführten Namen aus Antwerpen eingewanderter Schulmeister. Die Frankfurter »teutschen Schulhalter« irren offenbar in ihrer Eingabe von 1758, wenn sie die Frankfurter Schulordnung auf die Nürnberger zurückführen. Natürlich müssen manche Berührungspunkte sich zeigen, aber, abgesehen von der weit besseren Ordnung der Nürnberger Verhältnisse, stammt die erste zünftige vom Rat genehmigte Ordnung der deutschen Schulen zu Nürnberg allem Anschein nach erst aus dem Jahre 1613, ist also jünger als die älteste Frankfurter Ordnung. ²¹) Es ist kaum anzunehmen, daß die Frankfurter Schulmeister sich manche besonders günstige Bestimmungen hätten entgehen lassen, wenn ihnen die Nürnberger Ordnung wirklich als Muster gedient hätte. Alle Verhältnisse erscheinen dort fester geordnet. Die »Vorgeher« (in Frankfurt Vorsteher genannt und in ältester Zeit überhaupt nicht nachzuweisen) sind dort mit weit größerem Einfluß ausgestattet; die Lehrzeit ist genau bestimmt, lehrbriefartige Zeugnisse werden ausgestellt, die Prüfung der anzunehmenden Lehrer und die Visitationen der Schulen durch die Vorsteher sind geregelt, und so ist alles fester und sicherer und zeugt von lebendigerem Inhalte als das Frankfurter Schulwesen, wenn freilich auch in Nürnberg ebenso wie in Frankfurt die in die Zunft eingeschriebenen Schulmeister keine städtische Besoldung genießen, sondern nur auf den Liedlohn angewiesen sind. Die Nürnberger Schulmeister, unter deren ältesten sich allerdings einige übelberüchtigte Individuen befinden, waren im allgemeinen von bedeutendem Bildungsstande besonders in der Mathematik und genossen hohe Achtung, sie wurden mit den Praedikaten: Erbar, Wohlgelehrt und Kunstberühmt bezeichnet, während nach Meidinger ²²) die Frankfurter Schulmeister und zwar nicht bloß alphabetischen, sondern aus Achtungs-Gründen im Jahre 1719 hinter den Schornsteinfegern aufgeführt werden. An beiden Orten wurden freilich ihre Vorsteher im 18. Jahrhundert nicht nach Art der Handwerkszunftmeister vor dem Amtsbuche ernannt, sondern nach Art anderer, »die freie Künste treiben« erwählt.

Es war im Jahr 1591, als mit dem Motto: *Concordia res crescunt, discordia dilabuntur*, die Frankfurter Schulmeister ihren Entwurf einer Schulordnung beim Rate einreichten, der ihn auch am 2. Dezember desselben Jahres mit einigen Veränderungen annahm und am 13. August 1601 von neuem bestätigte unter Ablehnung von einer Anzahl weiter von den Schulmeistern zur Ergänzung vorgeschlagenen zünftigen Bestimmungen, namentlich zahlreicher Strafansätze und Forderungen bezüglich des Rechtes der Wittib und Kinder eines Schulmeisters. Diese bestätigte Schulordnung von 1601 (siehe Anhang Nr. 1) ist von 13 Schulmeistern und 4 Frauen unterschrieben.

Wer nun vom Rate das Schulrecht erhalten hatte, der hängte sein Schulschild heraus; er hatte damit das Schildrecht erworben, welches »observanzgemäß« auch auf Witwen und Kinder

---

¹⁹) Da immer der hochdeutsche Name Antorff statt des niederdeutschen Antwerpen gebraucht wird, muß auf grosse Verbreitung des Hochdeutschen bei jenen Eingewanderten geschlossen werden. Bestimmt belehrendes Material hierüber ist mir nicht zur Hand, eine Untersuchung darüber anzustellen, hat es mir übrigens schon an Zeit gefehlt.

²¹) Vergl. Journal von und für Franken, Nürnberg 1790 Bd. 1 Heft 4 S. 390 ff.: »Von den Teutschen Schulen in Nürnberg« und Schultheiß, Geschichte der Schulen in Nürnberg, Heft 2. Nürnberg 1853.

²²) a. a. O. S. 302 unter Beziehung auf die Beschreibung der grossen Feuersbrunst, welche in Frankfurt a. M. den 26. Juni 1719 stattgefunden. Gedr. bei Dietrich Cäsar Müller 1719.

vererbte. Schon unter der 1601 neu bestätigten Schulordnung von 1591 finden wir Georg Schmids Wittib, der nach Helfenstein ein Schuhmacher gewesen und also auch wie Medebach vom Schuhmachen zum Schule halten übergegangen war. Häufig heiratete sich auch ein »qualificiertes Subject«, unter dessen Beistand die Witwe die Schule weiter geführt hatte, in das Schulrecht hinein. Es kommen in dieser Hinsicht äußerst naive Verhältnisse vor. So findet sich z. B. ein notariell beglaubigtes Aktenstück vom April 1731 bei den Schulakten des Inhaltes, daß Burckhardt die Schulmeisterswitwe Heller habe heiraten wollen, da sie aber baufällig geworden und in Folge eines Schlagflusses an ihrer Wiedergenesung zu zweifeln sei, nun ihre Tochter Anna Maria heiraten und die Schule übernehmen wolle unter Verpflichtung für den Unterhalt der Mutter zu sorgen, womit letztere sich einverstanden erklärt. Auf das Alter der hinterlassenen Witwe kam es nicht an, wie schon dieser Fall zeigt und wie sich auch aus der schon angeführten Eingabe der Schulhalter von 1758 ergiebt, welche ausdrücklich sagen, daß öfter 20jährige Männer 50- und 60jährige Witwen des Schulrechts wegen geheiratet hätten. Ebenso wenig kam es bei Fortführung einer Schule auf den Bildungszustand der Witwen an, welche die Schule fortführen wollten. Bei dem verwickelten Streite zwischen dem Notar Roth, einem ehemaligen Kandidaten der Theologie, der als Schwiegersohn des Schulmeisters Lucas 1740 dessen Schulrecht für seine Frau in Anspruch nahm, und dessen aus dritter Ehe hinterlassener Witwe zeigt sich das deutlich; diese Witwe nämlich, früher Magd bei dem Schulmeister Lucas, war nach notarieller Beglaubigung des Schreibens unkundig und ist denn auch nicht einmal mit der mühseligen Nachmalung ihres Namens zustande gekommen.' Dieser charakteristische Streit ist außerdem um so interessanter, als die Witwe, welche nur vier Wochen mit dem Schulmeister Lucas verheiratet gewesen, die Tochter eines Wiesbadener Schneiders und Bürgers Köhler war, für den nun die Nassauische Regierung eintrat. Ueberdies waren in den daraus entstehenden weitläufigen Verhandlungen zwischen der Nassauischen Regierung und der Frankfurter Stadtobrigkeit Konsul und Senatus nicht einerlei Meinung. Beide Fälle zeigen uns, daß auch das Schulrecht auf die Töchter vererbte. Das ging soweit, daß z. B. 1763 die Schulmeisterswitwe Müller für eine ihrer Töchter von 13 und 6 Jahren das Schulrecht vorbehalten sehen will unter der Voraussetzung, daß sich eine von ihnen später verheirate. Das Schulkollegium d. h. das Kollegium der Schulmeister findet auch diesen Anspruch gerechtfertigt. Daß Söhne das Schulrecht erbten, wenn sie die Schule fortführen wollten, versteht sich demnach von selbst. Ja ein gewisser Fayst greift im Jahre 1731 bis auf seinen Stiefgroßvater zurück, indem er dessen Schulrecht für sich in Anspruch nimmt. Dagegen erhebt allerdings das Kollegium der Schulhalter Einspruch, weil Faysts Mutter selbst schon als Witwe die Schule fortführe; Dennoch scheint auf ähnliche Weise eine Schule öfter der Mutter von einer neuen Schule geworden zu sein.

Die Schulordnung von 1591 weiß allerdings von solchen Erbansprüchen nichts, die ausdrücklich dahin gehenden Vorschläge der Schulmeister, eine solche Bestimmung aufzunehmen, waren, wie schon gesagt, bezüglich der neu bestätigten Ordnung von 1601 durch den Rat abgelehnt. Aber trotz dieser Abweisung und trotz mehrfach wiederholter Vorbehalte des Rates setzen sich diese Erbansprüche doch so fest, daß die Schulordnung von 1765 in § 2 folgenden Satz enthält: »Wiewohl das Recht Schulmeister zu bestellen Uns, dem Rathe, ganz ungebunden zusteht, so wollen wir jedoch geschehen lassen, daß nach der bisherigen Observanz eine jede Schulmeisters Wittib ihres abgestorbenen Mannes gehabte Schule nebst einem tüchtigen Subjecto zu ihrem besten Nutzen wohl fortsetzen möge, sich aber anbey ebenmäßig dieser Ordnung untergebe und in allem gemäß verhalte; dafern aber ein Schulmeister keine Wittib hinterließe oder selbige die Schule auf nur gemeldte Weise fortzusetzen nicht gemeynet seyn würde und dann von dem verstorbenen Schulmeister Söhne vorhanden wären, welche die erforderlichen Qualitäten besitzen, oder auch Töchter, so qualificirte Subjecta zu heyrathen willens, oder an dergleichen sich schon verheyrathet befünden, denenselben der Vorzug vor andern gestattet und ihnen die Schule ihres Vatters fortzuführen erlaubet werden solle.« Diese Anschauung bleibt fort und fort bestehn, wenn auch immer wieder als Recht bestritten. Tritt jemand, der nicht auf diese Weise das Schulrecht ererbt oder erheiratet, in ein fremdes Schulrecht ein, so zahlt er der betreffenden berechtigten Person »zu einer Ergötzlichkeit« 200 Reichsthaler [13]) oder tatsächlich 300 Gulden. Auch die Stadt selbst entschädigt bei der seit 1797 gebräuchlichen Einziehung der erledigten Schulen die Witwen oder sonstigen Berechtigten mit 300 Gulden. Ja es mußte sogar ausdrücklich unter Nichtigkeitserklärung solcher Verträge verboten werden eine Hypothek auf das Schulrecht aufzunehmen, [14]) was die deutschen Schulhalter in ihrer Eingabe von 1758 als nicht ungebräuchlich bezeichnen.

So wenig genau man es mit der Vorbildung der Schulmeister nahm, kam es doch vor, daß einer Witwe wegen unsittlichen Lebenswandels das Schulschild abgenommen wurde; in einer Eingabe des Kollegiums der deutschen Schulhalter von 1742 [15]) zu einem ähnlichen Zwecke werden zwei solche Fälle von 1658 und 1665 erwähnt, und Sittenreinheit des Kollegiums, wenigstens äußerliche Unbescholtenheit, läßt sich dasselbe angelegen sein zu bewachen, namentlich, wenn es sich darum handelt den Eintritt eines gefährlichen Konkurrenten zu verhindern, wie z. B. in langem Kampfe gegen den Bürger und Buchhalter Johann Georg B ü c h n e r von Michelstadt, der endlich doch am 13. April 1758 nach dreijährigem Ringen das Schulrecht erhielt. Dieser Mann, der durch eine Abhandlung des Oberlehrers Dr. F i n g e r in der Einladungsschrift der Frankfurter Mittelschule von 1855 bekannt ist, einer der tüchtigsten Schulhalter jener Zeit, hatte sich einen später bürgerlich ausgeglichenen und vom Konsistorium ausdrücklich verziehenen sittlichen Fehltritt zu schulden kommen lassen, den nun das Kollegium zu seiner Fernhaltung benutzen wollte. [16]) Außer Sittenreinheit wurde, wie schon gesagt, Glaubensreinheit als besonders nötig geltend gemacht. 1745 protestiert das Schulmeister-Kollegium, daß Johann Matthias H e y l, der mit seiner Familie sich zur Zinzendorffschen Gemeinde begeben, das Schulrecht behalte, wenn er auch seinen Quartal-Albus bisher fortbezahlt habe; denn es müsse betrübte Folge haben, wenn er die von der Evangelisch-Lutherischen Lehre abweichende Zinzendorffsche Lehre dociere.

Soweit gehende Anrechte wie in Frankfurt waren in Nürnberg der Familie eines Schulmeisters nicht eingeräumt, zwar konnte auch dort eine Witwe mit Hilfe eines geprüften Schulamts-Kandidaten die Schule ihres Mannes fortführen, aber es wurde mit der Prüfung strenger genommen, und der junge Mann hatte vorher als sogenannter Schreiber eine sechsjährige Lehrzeit bei einem Schulmeister durchmachen müssen. Von dieser Lehrzeit und von der Prüfung wurden auch Schulmeisterssöhne nicht freigesprochen. Die sonst sechsjährige Lehrzeit wurde für sie allerdings auf vier Jahre beschränkt und konnte schon mit einem Alter von 16 Jahren beginnen, so daß ein Lehrersohn mit 20 Jahren zur Prüfung zugelassen werden konnte, während jeder andre dazu 24 Jahre alt sein mußte. Von einer solchen Ordnung der Lehrzeit ist in Frankfurt nichts nachzuweisen.

---

[13]) Schulordnung von 1765 § 5.
[14]) Ebenda § 8.
[15]) Charakteristisch ist es übrigens, daß auch in diesem Falle das Schulkollegium nichts dagegen hat, dem 1½ jährigen Sohn der Witwe das Schulrecht aufzubewahren, wenn er herangewachsen sich dazu eignen sollte.
[16]) Die Schulakten im Stadtarchiv, welche 1855 z. T. nicht zugänglich waren, enthalten noch manches Interessante über den Mann, was also in der Abhandlung Fingers nicht mitgeteilt werden konnte.

Im Laufe der Zeit wurde es wohl gebräuchlich, daß ein junger Mann als Vicarius oder Gehilfe eintrat, die älteste Schulordnung redet schon von Jungen, aber eine Altersgrenze, eine Lehrdauer ist nicht festgestellt. Die Prüfung, welche in Nürnberg nur von den Vorgehern der deutschen Schulmeister vorgenommen wird, wurde in Frankfurt zuerst nur von den Predikanten abgehalten und hat sich, wie vorher bemerkt wurde, gewiß hauptsächlich oder ausschließlich auf den Glauben: Christentum und Katechismus erstreckt, später prüften Geistliche in diesen Stücken, während ein oder mehrere Schulmeister im Buchstabieren, Lesen, Schreiben und Rechnen prüften, nachdem wohl schon vorher als Probestücke Schönschriften und Rechenaufgaben eingeliefert waren. Bis 1664 bestand eine eigentliche Prüfung nicht, denn in diesem Jahre dringen die Schulmeister außer auf Beschränkung der Zahl der Schulen auch auf ein Examen. Allmählich bildet sich denn hierfür eine allerdings wenig zulängliche Übung aus, wie schon angedeutet worden.

So wurde Büchner am 20. April 1758 laut Protokoll im Konsisterium Praes. Dno Scab. et Dir. von Fichard Ex-Cons. Sen. und Herren Dr. Moors Senat., Dr. Hupke Senat., Pfarrer Schmidt, Pfarrer Heinold und Rat Lotichius, in Gegenwart der deutschen Schul-, Schreib- und Rechenmeister Lingenfelder, Schuld, Tausend, Bischoff und Gieblehr geprüft. Das Examen wurde durch Herrn Pfarrer Mann vorgenommen in Christentum und Katechismus, durch die genannten Schulmeister im Buchstabieren, Lesen, Schreiben und Rechnen. Darauf wurde dann ad amplissimum Senatum berichtet und der Senat dekretierte über die Annahme. Erst die Schulordnung von 1765 regelte Tit. 1 § 3 die Prüfung, was aber nicht hinderte, daß auch nach dieser Festsetzung Subjekte, welche die Prüfung valde mediocriter bestanden hatten, als Schullehrer angenommen wurden. Der zum Schulmeister Angenommene erhielt das Schildrecht. Ob in Frankfurt ein feierliches Schreiben dieses Schildes durch den betreffenden Schulmeister selbst stattfand, wie in Nürnberg, läßt sich nicht feststellen. Dort aber mußte sich im Anfange des 17. Jahrhunderts der geprüfte Schulamtskandidat, wenn er in eine erledigte Stelle eintreten konnte, mit Beistand der Vorgeher bei der Ratsdeputation um das Tafelschreiben melden. War er zugelassen, so schrieb er selbst diese Tafel, der Rechenmeister eine schwarze Tafel mit Goldschrift, der Schullehrer eine weiße Tafel mit schwarzer Schrift, bis 1701 dieser Unterschied wegfiel. Oben auf der Schultafel stand in großer Frakturschrift das Symbolum: Patientia vincit omnia, später ein biblischer Spruch. Fanden die Vorgeher, die für ihre Schau 1 Gulden 30 Kreuzer erhielten, dieses Meisterstück genügend, so berichtete der älteste von ihnen an die Deputation, damit die Verpflichtung vorgenommen werde. In Bezug auf das etwaige Schreiben des Schulschildes zu Frankfurt fehlen uns, wie gesagt, die Nachrichten, aber es schien unsrer Sache nicht fremd den Nürnberger Vorgang als für das ganze Gebiet dieses Schulwesens charakteristisch anzuführen.

Was nun die Entwickelung des deutschen Schulwesens bis zur Gründung der Musterschule betrifft, so erscheint es besonders geeignet, von den hauptsächlichen Bestimmungen der ältesten Schulordnung von 1591 bis 1601 auszugehen und damit dann namentlich die späteren Ordnungen, nämlich die Leges des Teutschen Schulkollegii von 1728 und die Schulordnung von 1765 zu vergleichen, während diejenige von 1810 nicht mehr in unsere Aufgabe hinein fällt.

Zuerst stellt jene älteste Ordnung fest, daß die von Rats wegen verordneten Herrn Scholarchae und Predikanten jedes Jahr, so oft es ihnen notwendig erscheint, nicht allein die lateinische, sondern auch die teutschen Schulen visitieren sollen, um Mängel und Gebrechen derselben entweder selbst abzuschaffen oder darüber an den Rat zu berichten. Die Visitation und Verordnung der Ämpter u. s. w. vom Jahre 1614 schärft den Scholarchen wie dem Prediger-Ministerium die Visitation aller teutschen Schulen ein. Durch die erneuerte Visitationsordnung von 1726 geht diese Pflicht an das neugegründete (1728 kaiserlich bestätigte) Konsistorium aber unter beibehaltener Mitbeteiligung des Ministeriums.

Aber es scheint nicht viel aus diesen Visitationen geworden zu sein. Bei den Akten ist unter dem Jahre 1735 ein Visitationsbericht zu finden, und dann 1753. Als am 29. November 1757 ein Rats-Conclusum das Konsistorium zur Verbesserung des deutschen Schulwesens aufgefordert hatte, und dieses nun von den Schulmeistern selbst Vorschläge verlangt, fordern dieselben unter anderm auch Regulierung und Wiederherstellung des Besuchs der Schulen durch die Prediger, welcher seit geraumen Jahren unterlassen, wie auch eine jährliche Generalvisitation durch das Konsistorium gemäß der in den Landschulen stattfindenden Visitation.*) Darauf geschieht denn im Jahre 1760 wieder ein Besuch der Schulen durch die Prediger, doch scheint derselbe sich nur auf 14 von den damals vorhandenen 22 Schulen erstreckt zu haben. Die Schulordnung von 1765 enthält denn auch unter Titel VI in 3 Paragraphen genauere Bestimmungen über die Schulvisitationen. Danach sollen die Schulen durch den Prediger-Konvent unter das venerandum ministerium verteilt und jede Schule ohnfehlbar wenigstens alle zwei Monate durch einen Prediger unvermutet besucht werden. Deputierte des Konsistoriums sollen aber wenigstens alle Jahre Revision oder Visitation aller Schulen vornehmen und alle Mißbräuche brevi manu abstellen. Indes auch diese Vorschrift scheint kaum durchgreifend gewirkt zu haben; man darf übrigens nicht vergessen, daß in diesem aufgeklärten Jahrhunderte nicht nur die öffentliche Erleuchtung der Köpfe von innen, sondern auch die Beleuchtung der Straßen von außen sehr im Argen lag, so daß erst 1761 sich die Stadtbehörde entschloß, die Straßenlaternen und deren Dienst aus der Stadtkasse zu bestreiten gegen eine Abgabe sämmtlicher Häuser und Gebäude, während vorher die Straßenbeleuchtung nur auf die drei Laternen am Römer und die Laternen an den evangelischen Kirchen nur Privatsache war. Von 1796 liegt dann erst wieder der ausführliche Hezler'sche Visitationsbericht vor, welcher Hufnagel die Grundlage zu seinen Verbesserungsvorschlägen gab, und auf den man zurückgriff, um die Notwendigkeit der Gründung einer Musterschule zu beweisen. Der letzte ausführliche Visitationsbericht nach der durch die Pfarrer ausgeführten Schulvisitation im Januar 1809 greift über die Grenze dieser Arbeit hinaus, wird uns aber einige Materialien liefern müssen, da namentlich der Kirchner'sche Bericht uns ein Bild der Zustände am Anfang des Jahrhunderts giebt, die noch 1809 bestanden.

Nachhaltige Wirkungen hatten diese Visitationen nicht, da eben die Grundlagen ungeändert blieben, und da es zu einem regelmäßigen Besuch der Schulen überhaupt niemals gekommen ist trotz aller Festsetzungen darüber.

Obgleich die Schulmeister selbst auf Revisionen und Visitationen drangen, indem sie hofften, ihre Beschwerden bei der Gelegenheit vorbringen zu können, scheinen doch die Visitatoren hie und da auf Widerstand oder Nichtachtung gestoßen zu sein. So klagt der Bericht der Deputierten des Konsistoriums von 1753, daß trotz der Tags zuvor geschehenen Anzeige einige Schullehrer in Hauskleidern, selbst in »Mitze« und Schlafrock, erschienen seien.

Als Gegenstand des Unterrichts nennt die Schulordnung von 1591 Lesen, Rechnen und Schreiben und dazu gehörige Stücke, bevorab Katechismus, gottselige Psalmen, Sprüche der heiligen Schrift. Die von Johann Philipp Bischoff, einem der Vorsteher des Schulkollegiums, 1728 vorgelegten Leges des Teutschen Schulkollegii fügen der fast wörtlichen Wiederholung dieser Bestimmung als Erstes noch Unterweisung in Ehrbarkeit hinzu. Die Vorschläge der

---

*) Letztere hat noch bis zur Aufhebung der Stellung der Konsistorien als Schulbehörde im Februar 1872 stattgefunden, wenigstens noch nach der Annexion Frankfurts.

deutschen Schulmeister vom Jahre 1738 dringen auf einerlei Lehrart und gleiche Lektionen, was sich aber, genau besehen, nur auf den Katechismus bezieht, bezüglich dessen Behandlungsweise keine Übereinstimmung stattfand. Erst die Schulordnung von 1765 versucht genauere Feststellungen und enthält einiges Methodische. Tit. II, § 7 bestimmt, daß gelehrt werden sollen die Anfangsgründe des Christentums nach den Grundsätzen des evangelisch-lutherischen Glaubens, das ABC, das Buchstabieren, das Lesen, das Schreiben, das Rechnen. Es sollen vier Ordnungen gebildet werden: 1. Für ABC und Buchstabieren; 2. für den Anfang mit Lesen und Schreiben; 3. für »die in beiden stärker sind;« 4. »die auch rechnen.« — Fleißige Übung des Singens mit Beziehung auf die Festzeiten, das Erlernen der Melodien wird empfohlen. Ferner sollen biblische Kernsprüche und Psalmen und der kleine Katechismus auswendig gelernt werden, wobei das Katechisieren zu üben ist. Auch soll biblische Geschichte vorgenommen werden; die sonntäglichen Evangelien und Episteln sind namentlich am Mittwoch und Samstag Nachmittag vorzubereiten, am Samstag die Sonntagslektionen, welche bei dem sonntäglichen Kirchenexamen vorkommen, von dem später noch zu sprechen sein wird. Zum Behufe des Lesens sollen keine andere als biblische Bücher und bisweilen für die stärkeren Schüler dererselben oder geistlicher Poesien Abschriften oder auch ein unverfänglicher Artikel aus einer gedruckten Zeitung gebraucht werden. Das Buchstabieren aus dem Kopf (Übergang zum Lautieren) wird empfohlen und Fragen außer der Ordnung. Für das Schreiben wird angeordnet, erst Buchstaben, dann Silben, endlich ganze Wörter zu nehmen, und zwar soll der Schulmeister bei jeder Zeile vorschreiben, darauf sollen ganze Vorschriften folgen mit Briefen, Gesprächen, Erzählungen u. dergl. entweder aus geistlichen oder doch wenigstens ehrbaren, ernstlichen, keineswegs aber zweideutigen oder lächerlichen Sachen. Das Rechnen wird mit besonderer Scheu behandelt, es soll dieser Unterricht erteilt werden »nach eines jeden Schulmeisters eigener Methode, so er sich für die leichteste erwählt hat.« Allgemeine Principia sollen allerdings den Kindern deutlich erklärt und beigebracht werden, auch soll nicht eher zur Regula de Tri geschritten werden, bis die Kinder in Speciebus vollkommen gegründet wären. Was § 8 von einerlei Lehrart enthält, bezieht sich nur auf das religiöse Gebiet. Einige Kapitel aus der Bibel sollen täglich öffentlich abgelesen werden, so auch ein Artikel der Augsburger Konfession, dem Unterrichte aber sollen zu Grunde liegen der kleine Katechismus Lutheri, der erläuterte Walther'sche Katechismus in dem kurzen Auszuge des Dr. Fresenius, ferner dessen Sprüche und Heilsordnung und die biblische Geschichte Alten und Neuen Testamentes von Hübner. Erst die Schulordnung von 1810 zeigt, daß die leitenden Männer von den großen methodischen Erwerbungen der Zeit Kenntnis genommen haben, freilich auch in der Einseitigkeit gewisser Zeitrichtungen befangen sind. Im allgemeinen war bei den namentlich durch die Geistlichen ausgeführten Visitationen auch wesentlich auf das bei den kirchlichen Katechisationen und bei der Konfirmation zu Tage tretende Erkenntnis-, mehr noch Gedächtnismaterial Rücksicht genommen. 1735 wird zwar das zu frühe Lesen, das Frakturschriftschreiben, bevor die Kurrentschrift ordentlich gelernt ist, gerügt, namentlich doch aber der mangelhaft gelernte kleine Katechismus. 1753 sahen die Herren Revisoren nach ihrer eigenen Aussage wesentlich auf credenda, klagen hierbei über Mangel an Übereinstimmung in den Antworten und verlangen, daß eine übereinstimmende geschriebene oder gedruckte Erklärung zu Grunde gelegt werde. Besonders anstößig war es ihnen aber, daß bei Nennung des Namens Gottes, Jesu, des heiligen Geistes und der heiligen Dreifaltigkeit Lehrer wie Schüler fast ohnbeweglich geblieben, was doch reformiert, nicht lutherisch sei. Die Visitation von 1796 durch die Konsistorialdeputierten J. G. Hezler, J. T. Stark und J. Fr. Pregel und die Revision der Schulen durch die Prediger 1809 gehen allerdings allgemeiner auf die Schulaufgabe ein. Im Rechnen herrschte seit der zweiten Hälfte des vorigen Jahrhunderts das Rechenbuch von Thomas **Flügel**, der Schulmeister verzichtete meist darauf, eine Methode zu erwählen. Das Buch von **Flügel** wurde von Anfang bis zu Ende durchgerechnet, vielleicht auch ein zweites und drittes mal, wie der Revisionsbericht von 1809 behauptet. Ich selbst habe in der Bibliothek der Musterschule zwei Exemplare dieses Rechenbuchs aufgefunden, das eine **Preusser** gehörige, 2. Ausgabe von 1778, in welchem bemerkt steht: den 31. January 1786 (angefangen), den 8. January 1787 an der Regula de Tri in benannten gebrochenen Zahlen, und ein zweites aus dem Jahre 1798 (4. Aufl.) von Emil **Cöster** mit der Schlußbemerkung: »Diesen Flügel hab ich den July 99 angefangen und geendet den Jänner 1800, folglich hab ich 7 Monat daran gerechnet.« Man sieht daraus, daß es eine Ehrensache war, das Buch in möglichst kurzer Frist durchzuarbeiten. In den Privatstunden, in welche meist das Erlernen des Rechnens verlegt war, wurde offenbar nicht viel anders verfahren, und noch 1809 hört man die officielle Klage, daß die Kinder nicht e i n e leichte Aufgabe aus dem Leben rechnen lernten. Solche bequeme Rechenlehrer, die ein Buch von A bis Z durchrechnen lassen, mag es allerdings auch heute noch geben, aber sie bilden jetzt jedenfalls die Ausnahme, nicht die Regel.

Eigentliche Klasseneinteilungen gab es natürlich nicht, denn die Schule bestand überhaupt nur aus e i n e r Stube, die nur dann hinreichenden Raum bot, wenn der Lehrer wenig Schüler hatte, oder wenn, wie es oft geschah, eine große Anzahl fehlte. Dunstige, heiße, enge Zimmer kamen nur zu oft vor. Die Kunst, alle Abteilungen zugleich zu beschäftigen, wenn auch ein Gehilfe vorhanden oder die Frau Unterstützung bietet, ist wenig ausgebildet. Viele müssen ganze Zeiten unbeschäftigt bleiben. Im allgemeinen bilden sich folgende Haufen: ABC-Schüler mit der Fibel und Buchstabierschüler mit dem kleinen lutherischen Katechismus (und dem Lesebuche von Appelmann auf der Scheide der Jahrhunderte und noch 1809), Psalmisten, die an den Psalmen ihre Künste üben, die Abteilung des neuen Testamentes und endlich der ganzen Bibel.[9]) Da saßen sie denn oft buchstäblich zu Füßen des Lehrers, Knaben und Mädchen,[10]) klein und groß, und es gab ein Getöse und Gesumme in der dunstigen Stube, sodaß die oft wiederholte Klage der Schulmeister über ihre saure Existenz im Schulstaube und in der verdorbenen Luft von Morgen bis Abend, denn nach der eigentlichen Schulzeit kamen die Privatschüler, nicht unbegründet ist. Auch an Schwierigkeit mit dem Hause fehlte es nicht; namentlich haben die Sachsenhäuser Schulmeister im 18. Jahrhundert zu klagen über schlechten Schulbesuch, über Aufhetzung der Schüler, über Schimpfworte, denen sie begegnen. Aber sie selbst zeigen sich auch oft roh genug. So klagt den 10. September 1736 Sturm gegen Christ, dieser habe gedroht, ihm mit dem Messer das Leben zu nehmen, und ein andermal ihn in seinem eigenem Hause zu schlagen wegen einiger Kinder, die von jenem in seine (Sturms) Schule gekommen. Derselbe Christ wird wegen unchristlichen, ja mörderlichen Benehmens gegen seine Frau von dem Schulkollegium als scandalöser, unartiger, fauler Apfel bezeichnet, den man zu Evitirung aller übrigen Aergerniß exkludiert und totaliter rejiciert sehen will. Im März 1746 läßt die Frau des Schulmeisters Geißler dem Schulmeister Tausend durch Schulkinder sagen, wenn er Fastnacht Schule halte, sei er ein Spitzbube, ein Galgenstrick, und Geißler selbst nennt ihn deshalb schriftlich einen Bärenhäuter und läßt dann dieses Schriftstück, nachdem es von den Schulmeistern Mann und Lipp unterschrieben ist, offen durch Schulkinder dem Schulmeister

---

[9]) Nach dem Stellwagschen Bericht von 1809 waren die uralten Abteilungen: ABC-Schüler, Katechismus-, Evangelien-, Psalmen-, Testament- und Bibelschüler.

[10]) Die Schulordnung von 1765 verlangt räumliche Trennung von Knaben und Mädchen.

Tausent bringen. Man sah nämlich in diesem Schulhalten am Fastnacht Mittwoch gegen ein vorheriges schriftliches Versprechen, freizugeben, einen Versuch, den anderen die Kinder abspenstig zu machen. Uebrigens hatte schon zwischen Geißler und Jacobi, dessen Witwe Tausent geheiratet hatte, ein gespanntes Verhältnis bestanden. Tausent selbst hatte 1745 dem Pfarrer Griesbach ernsten Anstoß gegeben dadurch, daß er am 3. August des genannten Jahres eine Soldatenhochzeit in seiner Behausung gehabt, »dabei die ganze Nacht mit stündlichem Tantzen, häßlichem Geschrey und Springen, endlich auch mit Gezänk und Schlägerei dergestalt zugebracht worden, daß sich die ganze Nachbarschaft darüber geärgert, auch in der Ruhe gestört worden ist.« Das geschah alles jenseits der Mainlinie. Wessen man sich aber auch diesseits versehen durfte, davon giebt wohl die Bestimmung der Schulordnung von 1591/1601 Zeugnis wenn die Schulmeister bei Strafe zweier Batzen angehalten werden bei den Quartalgeboten »was jeder anzubringen oder zu klagen, auch in gemein anzuhören, ordentlich, still und ohne einige Calumnien, Injurien, Schmähen und Gotteslästern vorzubringen und Bescheidt darüber anzuhören.« Die schon erwähnten Leges von 1728 wiederholen das Verbot der ersten Schulordnung; die Schulordnung von 1765 verbietet freilich nur Plaudern und Einreden bei 20 Kreuzer Strafe, aber an ärgerlichen Scenen hat es auch später nicht gefehlt.

Eine bestimmte Festellung der Schulzeit findet sich vor 1765 in keiner Schulordnung, doch hat die dort festgesetzte Zeit im Sommer Vormittags 7—10, Nachmittags 1—4, Mittwoch und Samstag Nachmittag 1—2 wohl auch früher gegolten. Die Schulordnung von 1810 schiebt den Beginn des Unterrichts für den Winter immer um eine Stunde hinaus. Übrigens fehlt es nicht an Konflikten der deutschen und französischen Schulen wegen der Zeit des Schulunterrichts, bei den Mädchen kommt später auch ein Konflikt mit den Nähschulen hinzu. Der Unterricht wurde mit Gebet eröffnet, welches in älterer Zeit ziemlich quantitativ aufgetreten zu sein scheint, wenigstens wurde im Anfang des 17. Jahrhunderts im Gymnasium nach geschehener Einschränkung gesprochen ein Morgensegen, dann die Oratio dominica, das Symbolum und etwa ein Psalm. Die Schulordnung von 1765 setzt für Anfang und Schluß am Morgen und Nachmittag einen kurzen geistlichen Gesang und ein »Gebät« fest, diejenige von 1810 will zu Anfang ein kurzes kindliches Gebet abwechselnd mit dem Gesang eines passenden Verses aus einem Kinderlied der in der Musterschule eingeführten Liedersammlung, der nach unserer heutigen Anschauung freilich jede Kindlichkeit fehlt.

Der Schulmeister soll pünktlich zum Unterricht erscheinen und in der Schule anständig gekleidet sein. Damit nahm man es freilich nicht so genau, wie die Revisionsbemerkung von 1753 zeigt.

Ferien gab es gemäß der Ordnung von 1765 bei beiden Messen je 3 Wochen, 2 Herbsttage, den Fastnachtstag und 4 Quartal-Nachmittage, an denen die regelmäßigen Sitzungen des Kollegiums stattfanden. Daß die Feiertage ausfielen, versteht sich von selbst. In der Meßzeit wurde jedoch gegen besondere Vergütung auch Schule gehalten, aber da die Schulmeister oft allerlei Funktionen in der Meßzeit übernahmen, nicht selten durch die Frau oder selbst das Gesinde des Schulmeisters. Die Schulordnung von 1810 hebt die Meßferien für die Lehrer ganz auf. Besondere Kinderfestlichkeiten in der Schule, die wahrscheinlich früher unbeanstandet geblieben waren, wurden gegen Ende des 17. Jahrhunderts nicht mehr erlaubt. 1661 (die Zahl ist nicht ganz deutlich zu lesen) wurden Jakob Pauli, Joh. Georg Biedner und Joh. Glück zu Geldstrafen bezw. Gefängnis verurteilt, weil sie in der Schule ein Kinderkönigreich aufgerichtet hätten. Das Fest bestand darin, daß durch die Schulkinder ein König erwählt und unter dem Spiel eines Spielmannes dann ein Aufzug gemacht oder vielleicht auch getanzt wurde.

Nach der Aussage Pauli's war es damals noch in allgemeinem Gebrauch, übrigens »eine unschuldige Freude der Schulkinder.« Das Verbot muß noch ganz neu gewesen sein. Ähnlich wurden 1715 in Nürnberg die sogenannten Kreuzfahrten der Schulmeister mit ihren Schulkindern, welche processionsweise vor's Thor gingen und bei denen wohl auch die Vorstellung einer Braut und eines Bräutigams unter Spielen und Tanzen stattfund, verboten. Freilich fanden sich dort auch Eltern, Mägde und anderes Gesinde ein und es entstand »geldversplitterndes Zechen und Schwelgen.«

Die Schulmeister, welche jene älteste Ordnung entworfen hatten, wollten auch die französischen Schulmeister in dieselbe mit aufgenommen und Verpflichtung auf die Augsburger Konfession besonders betont sehen. Beides wird schon aus früheren Auseinandersetzungen sich leicht erklären. Welche Bedingungen für Errichtung einer französischen Schule gestellt wurden, läßt sich nicht genau ersehen, in späterer Zeit kommen immer 2—4 besondere französische Schulen vor, außerdem daß einigen Schulmeistern gestattet ist, französischen Unterricht zu geben. Die pädagogische Qualifikation war öfter ziemlich zweifelhaft. Strenge Bewachung lutherischer Rechtgläubigkeit schien hier besonders geboten, da die Gefahr der Einschleppung calvinistischer Glaubensanschauungen nahe lag, wie denn auch häufig Winkelschulhalter als reformiert bezeichnet wurden. Ein besonders hartnäckiger Kampf wurde 1754 bis 1762 gegen den Zeichenmeister Roland geführt, der eine Art Akademie gegründet hatte. Er hatte sich 1746 hier niedergelassen anfangs als Maler, da er aber sein Brod nicht damit hatte erwerben können, beschloß er, sich der Erziehung der Jugend zu widmen, *c'est-à-dire à enseigner le français et le dessin, de même qu'à former les enfants aux bonnes mœurs et aux bonnes manières.* Er erhielt bald Schüler und Pensionäre, versäumte »nur aus Unwissenheit über die Frankfurter Verhältnisse« die Permission nachzusuchen und dehnte nun seine Unternehmung weiter aus auf die Anfänge der Geschichte, auf deutschen Schreibunterricht durch Schulmeister Pfeiffer, Klavier-Unterricht durch den Kapellmusiker Wißmann, Italienisch durch Ricardi, Tanzen durch Ferrand. Im Französischen unterstützte ihn Guyot, gleich ihm aus Paris und reformierter Konfession. Die beiden permissionierten französischen Schulmeister Bedart und Foly liefen Sturm und erklärten, es laufe wider göttliches und natürliches Gesetz, wie ein Bürger so in den Erwerbszweig eines anderen übergreifen dürfe. Ganz entsprechend behaupteten die deutschen Schulmeister im Kampfe gegen Büchner, es drohe dem gemeinen Wesen Verwirrung, wenn ein Mann, der auf ein bestimmtes Gewerbe, in diesem Falle Buchhalterei (Rechnen und Schreiben) Bürger geworden, in ein andres Gewerbe überginge. Das Konsistorium in Besorgnis, es möchte eine ordentliche reformierte Schule entstehn, nimmt gegen Roland Partei, und obgleich er sich auf die Abstammung seiner Frau, einer gebornen de Claire aus alter Frankfurter cäsarischer Bürgerfamilie beruft, obgleich eine große Anzahl angesehener Männer, ich nenne nur die Namen Bansa, de Bary, Breviller, du Fay, Grunelius, von Humbracht, d'Orville, Passavant, Städel für ihn eintreten, gelingt es ihm nicht, Bürgerrecht und Permission zu erhalten. Auch der Rektor des Gymnasiums Albrecht tritt gegen ihn auf, allerdings namentlich noch, weil er dem Gymnasium Schüler aus angesehenen Familien abspenstig macht, da er auch durch einen Studenten lateinischen Unterricht erteilen läßt. Er nennt ihn einen Deserteur und erzählt, schrecklich zu sagen, daß bei Roland sogar nach dem Essen statt erbaulicher Abendlieder lustige französische Lieder gesungen werden sollten. Es entstehe überdies von den vielen fremden studiosis (den Pensionären Rolands), von denen man nicht einmal wisse, ob sie Christen oder Juden, Gefahr für die Sitten. Roland verteidigte sich aber als tapferer Held durch alle Instanzen und scheint durch seine einflußreichen Gönner gehalten zu sein, wenigstens erläßt er noch am 9. März 1762 eine gedruckte Anzeige, daß er im Französischen, Schreiben und Zeichnen, Jugend beiderlei Geschlechts unterweise, Fremde auch in Kost nehme und in allen schönen, nützlichen und galanten Wissenschaften unterrichte, woran bei halber Kost auch Einheimische teilnehmen könnten. Die Akten über diese Streitigkeit bilden ein ganz ansehnliches Heft. Der Vorwurf, der gegen Roland erhoben wird, er unterweise Reformierte und Katholiken in ihrer eigenen Religion, wird auch gegen andre öffentliche oder Winkelschulmeister erhoben. Ein andermal wird auch wohl über die verruchte Schar der Mode-Religionisten geklagt, was namentlich die Haus-Informatoren betrifft.

Wie die Bedingungen, unter denen Französisch zu lehren erlaubt wurde, schwer aufzufinden sind, so ist auch die Grenzbestimmung zwischen dem Schulmeister, Schreib- und Rechenmeister nicht genau festzustellen. Aus dem Jahre 1809 liegt die aktenmäßige Notiz vor, daß Joh. Adam Hänel, von dem ehemaligen zum Rechneschreiber beförderten Schulmeister Chelius, der auch als Verfasser von Rechenbüchern bekannt ist, nach Auftrag des Konsistoriums geprüft, die Erlaubnis erhält, Rechenunterricht zu erteilen. Gewöhnlich verrichtete der Schulmeister alle drei Funktionen, wie ja auch schon in der ältesten Schulordnung das Rechnen unter den Lehrgegenständen aufgezählt ist, aber es giebt auch besondere Schreibmeister [*)] und die Schulmeister nennen sich oft noch besonders Rechenmeister oder vornehmer Arithmetici. Außerdem werden Nähschulen concessioniert, die Nähfrauen überschreiten jedoch nicht selten ihre Befugnis und unterrichten auch im Schreiben und Lesen.

Verboten wird den Schulmeistern in der Schulordnung von 1591, die Jugend »wie bißher mit großem Schaden und Versäumnis der Kinder, ihren Jungen und Mägden anzubefehlen,« wenn sie aber so viele Kinder in der Schule haben, daß sie solche nicht allein instituieren können, sollen sie »mehr nicht als nur einen düchtigen Jung neben sich dazu abrichten und gebrauchen, noch einer den andern einen solchen Jungen abspannen u. s. w.« Der Schulmeister darf also nur mit einem Lehrling oder Gesellen arbeiten. In Frankfurt ist das Lehrjungenwesen nicht ähnlich geregelt wie in Nürnberg, auch eine bestimmte Lehrzeit ist nicht vorgeschrieben. Erst 17. März 1808 verbietet das Konsistorium den Schullehrern einen Vicarius ohne seine vorausgegangene Genehmigung anzunehmen und ohne daß mit einem solchen ein Tentamen angestellt worden wäre. Die Schulordnung von 1765 (Tit. I, § 3) bestimmt freilich schon, daß bei Erledigung einer Schulmeisterstelle das Konsistorium einen Vicarium nach vorgüngigem Tentamen bestelle. Es sollen dazu nur solche sich melden, die von ehrlicher Herkunft und ehrbarem Wandel sind und entweder einige Zeit eine Akademie oder wenigstens ein Gymnasium frequentiert haben. Innegehalten wurde diese Bestimmung aber nicht.

Gemäß der Anschauung der Entstehungszeit des deutschen Schulwesens in Frankfurt wurde bestimmt, daß die Schulmeister insonderheit auf alle Sonntage mit ihren Schulkindern bei dem Katechismi Examine erscheinen und die Jugend, daß sie nicht allein still und züchtig über die Gassen gehen, sondern sich auch ruhig und andächtig in der Kirche bei dem Gebet und christlichen Verhör erzeigen, mit gebührlichem Ernst angewöhnen. Die Legen von 1728 stellen dieselbe Pflicht in § 3 fest; die Schulordnung von 1765 enthält unter Titel IV mit verändertem Ausdruck ungefähr dasselbe, nur unter genauerer Verteilung an die einzelnen Kirchen; auch die Schulordnung von 1810 enthält im sechsten Abschnitte die Forderung, daß die Lehrer die Schulkinder durch ihre eigne Gegenwart zum Besuche der sonntäglichen Katechisationen anhalten. Aber wie einerseits schon früh Klagen stattfanden über mangelhafte Erfüllung

---

[*)] Die deutschen Schullehrer erwähnen in ihrer Bittschrift an den Rat vom 25. Januar 1802 neun privilegierte Schreibmeister.

dieser Pflicht durch die Schulmeister, so beschwerten sich andrerseits letztere in ihren Verbesserungsvorschlägen von 1758 über das mangelnde Interesse der Geistlichen an den Schulen, die Vernachlässigung der Schulbesuche durch dieselben, die Weglassung der Schuldiener, wie sie sich bei der Gelegenheit bescheiden nennen, aus dem Kirchengebet, auch geben sie dem ungeschickten und unpraktischen Verfahren der Geistlichen bei den Katechisationen, bei welchen einzelne Kinder oft in einer ganzen Reihe von Jahren keine einzige Frage erhielten, die Schuld an den vorkommenden Unordnungen und der Gleichgültigkeit. Namentlich haben sie keine Lust, die Predigtamts-Kandidaten zu respektieren. Die Geistlichen weisen dagegen alle Schuld von sich ab und legen dieselbe nur den Schulmeistern zur Last. Besonders großes Ärgernis wurde aber den Schulmeistern durch das sogenannte Trittelbeten gegeben (oft auch nach der hier häufigen Lautverschiebung Drittelbeten geschrieben). Die Schulordnung von 1765 bestimmt darüber in Titel IV, § 3, Folgendes: Der Prediger, an dem die Ordnung, soll auf den Altar treten, ein kurzes Lied oder einige Verse singen lassen, ein kurzes Gebät thun, dann sollen zween Knaben in Mänteln, aus einer Schule, an welcher die Reihe, auf dem Altar, das in der Ordnung folgende Hauptstück des kleinen Katechismus auswendig frag- und antwortweise hersagen, darauf soll der Prediger das Examen beginnen u. s. w. Trittel wird also hier der Altar genannt. Wann dieses Trittelbeten in Frankfurt seinen Anfang genommen, läßt sich nicht feststellen, in Nürnberg beginnt mit dem 14. August 1558 eine ähnliche Sitte, das sogenannte »Aufstehen,« wobei auch der Katechismus in Frage und Antwort durchgearbeitet wurde und zwar, indem die Kinder, die gefragt wurden, auf den Bänken, die fragenden ihnen gegenüber auf der Erde standen. Dort nun scheiterte diese Sitte gegen Ende des 18. Jahrhunderts an den Rangstreitigkeiten der Kinder, an den Anforderungen des Sonntagsputzes und an der Weigerung der Kinder, das Vaterunser auf ihren Teil zu nehmen. Um 1790 war das »Aufstehen« daselbst ziemlich in Abgang gekommen. Wir irren wohl kaum, wenn wir für Frankfurt für das allmähliche Aufhören eine ähnliche Zeitbestimmung annehmen; das Jahr 1790 bietet wenigstens auch hier einen Grenzstein. Vom 6. Mai 1790 datiert eine von allen »teutschen Schullehrern« namentlich unterzeichnete Eingabe gegen das Trittelbeten, in welcher es heißt: »Es verursacht das sogenannte Trittelbeten, so oft einen die Ordnung von uns trifft, so viel Schwierigkeiten, daß öfter etliche Tage lang mit der Auswahl zweener Knaben die ordentlichen Lektionen unterbrochen werden müssen; ein jeder weigert sich, diese Verrichtung über sich zu nehmen, zu welcher sie sich ehedessen gedrängt haben; und wenn man endlich unter Bedrohung hochobrigkeitlicher Zwangsmittel noch seinen Zweck erreichet, so ist das die gewisse Folge davon, daß sie aus der Kirche und Schule verscheucht werden.«

»Da nun das bestehende Trittelbeten keinen allgemeinen Nutzen vor diejenigen Kinder hat, die die Kinderlehre besuchen, sondern nur blos die dazu genöthigten zwei Knaben angehet, die nach beendigter Hersagung ihres Hauptstückes unter dem Vorwande, daß sie die gelehnten Mäntel wieder zurückliefern müßten, zur Kirche hinausgehn und sich dadurch des wesentlichen Unterrichts des Herrn Predigers berauben, die übrigen Kinder auch so wenig Acht auf das gewohnte Hauptstück haben, daß sie bei angehender Katechisation nicht einmal wissen, was vor ein Hauptstück hergesagt worden, mithin die darauf verwendete Zeit ganz ohne Nutzen verstrichen ist, geht unsere Bitte dahin, daß das furchtbare Trittelbeten aufhören und an dessen Statt die Hoffnung eintreten möge, daß die so nöthige und heilsame Kinderlehre zahlreicher als zeithero besucht werde, wie wir denn nach unserem geringen Vermögen alles anzuwenden versprechen, die Jugend in die Kirche zu locken.« Das Gesuch wurde am 1. Juli 1790 abgeschlagen und sogar ein altes Ratsdekret vom 24. August 1665 bezüglich des bei der Kinderlehre in Erinnerung gebracht. Auf ein wiederholtes Gesuch gegen das »furchtbare« Trittelbeten half sich der Rat am 29. November 1791 mit einem *Reproponatur* aus der Schwierigkeit. Die Schulordnung von 1591/1601 weiß allerdings vom Trittelbeten noch nichts, sie trifft nur Fürsorge, daß die Vorsinger in ihrer Aufgabe durch zween oder drei arme, dazu qualificierte und von dem Schulmeister einzuübende Knaben unterstützt werden, also scheint das Trittelbeten in Frankfurt von späterem Ursprunge zu sein als das Aufstehen in Nürnberg.

Zu der alten halbkirchlichen Pflicht der Schulmeister gehörte ferner die Begleitung der Leiche eines Schöffen, Scholarchen, Predikanten und Schulmeisters; sowol die Leges von 1728 als auch die Schulordnung von 1765 schärfen diese Pflicht wieder ein, die auch auf die Begleitung der Syndici und Consistoriales ausgedehnt ist. Das sonstige Leichenbegleiten oder Leichentragen durch die Mitglieder des Schulkollegiums hatte damit nichts zu thun. Hier kamen auch Streitigkeiten zwischen verschiedenen konkurrierenden Schulmeistern vor, z. B. 1756 zwischen Roth und Bischoff. Im Anfang dieses Jahrhunderts begleitete Schulmeister Zinndorf statt des Kantors Karl, dessen Sache es war, die Leichen mit Gesang und vernachlässigte darüber seine Schule, freilich, wie behauptet wird, ohne Eigennutz, da er die etwaigen freiwilligen Gaben armen Schülern zuwendete.

Hier wäre denn noch ein Überrest von dem Singen der armen Schüler um Almosen gegen dessen Verwilderung die älteste Schulordnung lebhaft ankämpft und gegen das die Bettelvögte aufgeboten werden. Bis wann sich dasselbe in Frankfurt gehalten, weiß ich nicht anzugeben. Sache der Bettelvögte war es übrigens auch, Schulkinder während der Kirchenzeit auf der Gasse nicht zu dulden.

Einen besonders wichtigen Abschnitt der Schulordnung machte natürlich die Festsetzung des Schulgeldes aus. 1591 ward es folgendermaßen geregelt:

Arme Handwerksleute oder sonst unvermögliche Bürger zahlen jährlich für das Kind einen Gulden, Geschlechter und fürnehme Bürger zahlen zwei Gulden. Für Kostgänger und solche, die Französisch oder zierlich schreiben oder auch rechnen lernen, wird Uebereinkunft vorbehalten. Das Schulgeld ist vierteljährlich zu zahlen auf Cathedra Petri, Urbani, Bartholomaei und Catharinae. Angefangene Quartale zählen voll. Am 9. December 1623 wurde folgende Zahlung festgestellt für alle deutschen und französischen Schulen: Buchstabieren und Lesen 3 fl. jährlich, von Armen 2 fl., Schreiben und Brieflesen 4 fl., von Armen 2 fl., Arithmetica von Vermögenden 8 fl. Bei italienischer Praktik und französischer Sprache blieb Vergleich vorbehalten. Die Schulmeister hatten beträchtlich höhere Sätze gefordert.

Eine schwere Last wurde den Schulmeistern durch Rats-Conclusum vom August 1666 aufgelegt, wiederholt in der Scholarchat-Amtserklärung vom 29. Februar 1696, wonach jeder Schulmeister 3 Kasten-Kinder, d. h. Kinder, die aus dem allgemeinen Almosenkasten Unterstützung erhielten, schußgeldfrei aufnehmen mußte, während nach Bestimmung vom 15. März 1693 für die anderen Kastenkinder und die Kinder des Hospitalamts überhaupt ein geringeres Schulgeld gezahlt wurde. Die Gemeinde lud so einen Teil der ihr zukommenden Last auf die Schultern der Schulmeister ab, welche oft genug darüber seufzten.

Die Schulordnung von 1765 stellt folgende Scala auf für jedes Vierteljahr:
1. Vom ABC., Buchstabieren und Lesenlernen a) fl. — 45 kr. b) fl. — 30 kr.
2. Vom Schreiben . . . . a) » 1 — » b) » — 45 »
3. Vom Rechnen . . . . a) » 2 — » b) » 1. 30 »

Von den den Kasten-Alumnis außer den 3 schulgeldfreien, von 1 und 2: 36 kr., von 3: 1 fl., von den Hospital-Alumnis und den Alumnis des löblichen Armenhauses ad 1 und 2:

30 kr., ad 3: 45 kr. Ähnlich wurde auch das Holzgeld, das 1591 auf 2 Batzen festgesetzt war, für diese Alumnen nur mit 14 Kreuzern bezahlt, während die übrigen 20 Kreuzer zahlen mußten. Es gab aber nicht wenige solcher Stiftungs-Alumnen, im Jahre 1809 werden unter 2256 Schülern in den deutschen Schulen 760 Stiftungskinder aufgezählt, also über ein Drittel aller Kinder.

Natürlich klagen die Schulmeister von Anfang an nicht nur über verweigerte oder künstlich umgangene Schulgeldzahlung, sondern überhaupt über die Unmöglichkeit mit der Einnahme auszukommen. Schon 1600 rechnen dieselben aus, daß unter den 16 deutschen Schulmeistern mancher kaum 60 oder 70 Gulden vom Schullohn habe, während er 30 oder 40 Gulden Mietzins zahlen müsse. Im Jahre 1758 berechnen sie die Einnahme bei 150 Schülern auf 410 Gulden, was doch mindestens für eine Familie nötig. Sie stehen nur der schlechten Zeitläufte wegen davon ab ein Salarium statt ihrer unbestimmten Einnahme zu fordern; aber wenigstens ein Gnadengehalt für einen durch Alter oder andere Gebrechen zum Schulhalten unfähigen Schulmeister oder eine Witwe, welche die Schule nicht fortführen will, und Versorgung der hinterlassenen Waisen erstreben sie. Als erste Bedingung für die Herbeiführung einer glücklicheren Lage des einzelnen Schulmeisters heben sie aber die Festsetzung einer bestimmten Zahl von Schulen hervor. Letzteres geschieht schon am Ende des sechzehnten Jahrhunderts und wiederholt sich immer wieder. Auf Besoldungen, Alterspensionen, Gnadengehalte für Witwen und Waisen läßt sich der Rat nicht ein, aber die Schulordnung von 1765 (Tit. I, § 1) setzt fest, daß künftig nur 14 Schulen in Frankfurt und 2 in Sachsenhausen sein sollen, welche Herabminderung von der noch 1758 angenommenen Maximalzahl von 24 durch Nichtwiederbesetzung erledigter Schulstellen bewirkt werden soll.

Indes dadurch wurde den Schulmeistern nicht geholfen, wie ihnen überhaupt aus der Unsicherheit der Lage ohne vollständige Umänderung aller Verhältnisse nicht zu helfen war. Im Oktober 1795 wenden sich die deutschen Schulmeister in einer Gesammtbittschrift an das Konsistorium, man möge das Schulgeld wegen der Teuerung aller Bedürfnisse um ein Drittel erhöhen. Das Konsistorium findet denn auch dieses Gesuch billig und läßt durch einen öffentlichen, vom Senior Hufnagel verfaßten Aufruf dem Publikum Gewährung dieser Forderungen empfehlen. Die andern Lasten mit den Kastenkindern hütet man sich aber wohl den Schulmeistern abzunehmen. So schildern denn auch von neuem in einer Bittschrift vom Januar 1802 dieselben die Lage einzelner als höchst kläglich. »Holzhacker und Tagelöhner befinden sich in der That in einer glücklicheren Lage als mancher von uns«, rufen sie aus. »Mit den Handwerkern und anderen Ständen dürfen wir uns garnicht vergleichen, wenn wir nicht ganz mutlos werden wollen. Wieviel hat nicht der hiesige Stallmeister, der blos die Aufsicht über einige Stadt-Pferde hat, vor uns allen voraus! Er hat eine geräumige gesunde Wohnung, großen Hof, Hausgarten und ein hinreichendes Auskommen, das er auch dann behält, wenn er unfähig wird sein Amt zu verwalten. Wir, denen der Staat den Unterricht und die Aufsicht über junge Menschen und Bürgerkinder (die sind doch mehr wert als Pferde?) anvertraut hat, genießen von allen den Vorzügen nichts« u. s. w. Es handelte sich damals um die Uffenbachsche Hinterlassenschaft, aus dieser wollen sie nun wenigstens Verbesserung der Stellung der 6 ältesten, außerdem bringen sie den Gedanken auf, es möge in jedem Stadtquartiere — es gab deren 14 — ein Schulhaus auf Subskription mit freier Wohnung für den Schulmeister gebaut werden, der dann also zum Quartierschulmeister geworden sein würde. Auch damit gelangten sie nicht zum Ziele. Die Verbesserung von 1795/96 war alles, was erreicht wurde, so daß Kirchner 1809 in seinem Visitationsberichte die Einnahmen eines deutschen Schulmeisters, eins ins andere gerechnet, auf höchstens 6 bis 7 Gulden auf den Kopf des Kindes veranschlagt, wofür der geplagte Mann seine Kraft, seine Zeit von

Morgens 7 bis Abends 6 Uhr verkaufe und Lebensgenuß und Gesundheit in den Kauf gebe. Kirchner wirft dabei noch einen nicht unberechtigten Seitenblick auf das Stiftungswesen, von dessen Verwaltung man grundsätzlich Schulleute und Geistliche fern halte, und aus dem den armen Schulmeistern durch die Stiftungskinder noch besondere Schwierigkeiten erwüchsen.

So war die Lage der Schulmeister bei der immer gestiegenen Privatkonkurrenz im 18. Jahrhundert und am Anfange des 19. Jahrhunderts offenbar schlechter als im sechzehnten und siebzehnten. Von der Mitte des 17. Jahrhunderts an war freilich auch geraume Zeit der Andrang zu dem Berufe besonders stark. Die Schulmeister selbst geben in dieser Lage zu, daß sie allerlei moralische Konzessionen an das Verlangen des Publikums machten, daß sie Nebenerwerb suchten. Der mehrfach erwähnte Schulmeister Laurenz Alleinz nahm in Gemeinschaft mit Jakob Catigni in und außer der Messe Kaufleute und hantierende Personen in seinem erkauften Hause zum Rehbock in Herberge und suchte selbst um das Recht nach, ein Schild dafür aushängen zu dürfen. Zur Meßzeit (3 Wochen zu Ostern und 3 im Herbst) überließen die Schulmeister wohl das Schulehalten ihren Frauen und halfen den Kaufleuten; als Privatinformatoren waren die Schulmeister natürlich oft thätig, hie und da auch an Instituten, die sie doch sonst bekämpften, wie Geißler an jenem Roland'schen. 1634 geben die Gymnasiallehrer, als sie um Erhöhung ihres Gehaltes einkommen, an, daß manche von ihnen nebenher durch Bücherschreiben, Notariat, Weinschenken u. dergl. ihren Unterhalt suchen müßten. Die Gymnasiallehrer werden freilich auch den 9. September 1663 wegen ihres »geltsuchenden Gemüth's« angeklagt, da sie die Schulinformation wegen der Privatstunden vernachlässigten. Fast um dieselbe Zeit, 1665, verbietet die Nürnberger Schulordnung, daß die Schulhalter sich sosehr mit Privat-Informationibus beladen, daß sie die wenigste Zeit über ihre Jugend versehen können. Auch in Frankfurt findet wohl die Schulrevision einmal den Lehrer nicht in der Schule, weil er der Privatinformation nachgeht.

Ein sehr schlimmes Übel, dem schon die Schulordnung von 1591 entgegenarbeitet, war, daß die Schulmeister einander ihre Schüler abspenstig zu machen suchten, deshalb wird in den verschiedenen Schulordnungen festgestellt, daß ein Schulmeister den Schüler einer andern Schule nicht ohne Freizettel des betreffenden Schulmeisters aufnehmen darf. Aber das hilft nicht durchschlagend. Wir sind schon im Vorhergehenden auf ein Beispiel abspenstig gemachter Schüler gestoßen. Es kommen solche aber oft vor. Auch suchten Eltern wohl durch Übergang eines Kindes in eine andere Schule um Zahlung des Schullohnes herumzukommen. Die Schulordnung von 1591 tadelt schon dieses mißbräuchliche Verfahren etlicher unverständiger und undankbarer Eltern.

Mit der ganzen zünftigen Einrichtung des Schulwesens hängen die Quartalgebote zusammen, welche wohl schon vor der ältesten Schulordnung sich verbreitet haben mögen, durch dieselbe aber definitiv festgestellt werden, freilich zunächst abhängig von der Erforderung oder Zulassung der Herrn Scholarchen. Die Leges von 1728 bestimmen, daß Freitag nach Cathedra Petri, Urbani, Bartholomaei und Catharinae ein solches Quartalgebot stattfindet, auch noch auf Einladung der Herrn Scholarchen. Auf Urbani werden die Vorsteher gewählt. Anfangs waren die Quartalgebote bei den Vorstehern, seit Gründung des Konsistoriums im Römer auf der Konsistorialstube, zum erstenmale am 20. August 1728. Die Vorschläge der deutschen Schulmeister von 1758 dringen auf Wiederherstellung der Quartalversammlungen der Schullehrer, bei denen alle in das Schulwesen einschlagende Sachen vorgebracht und alsbald oder nachfolgend decidirt und abgemacht werden möchten. Die Schulordnung von 1765 Titel V hält diese Quartalversammlungen aufrecht in Gegenwart des gesamten Konsistoriums und auf der Konsistorialstube, nur wird Donnerstag als Sitzungstag bestimmt. Alle Schulmeister einschließlich der Vicarii und Adjuncti haben Schlag 2 Uhr zu erscheinen in ihrer gewöhnlichen schwarzen Tracht mit Mänteln und Umschlägen. Neu Eintretende haben handtreuliches Gelübde auf die Schulordnung zu leisten. Unentschuldigtes Fehlen wird mit Geld bestraft, das in die Schulmeister-Kasse fließt. Sie sitzen nach dem Amtsalter, die Vorsteher ausgenommen. Nach der Reihe aufgerufen, haben sie die neu eingetretenen Schüler anzuzeigen, auf den zweiten Aufruf alles zu sagen, was jeder vorzubringen hat. Beim Urbani-Quartal werden die neuen Vorsteher und die Administratoren der 1729 gegründeten Witwenkasse durch Scrutinium gewählt, der älteste aus der Hälfte der ältern, der jüngere aus den jüngern. In der Witwenkassen-Verwaltung geht es der Reihenfolge nach, die drei ältesten sind jedoch von dieser Mühewaltung befreit. Wie die älteren Schulordnungen zeigten, ging es nicht immer gesittet in diesen Quartalversammlungen her, und wenn auch die Schulordnung von 1765 nur noch Plaudern und Einreden verbietet, so sind doch aktenmäßig einige höchst unliebsame Scenen festzustellen. Das mag wohl zu der Beschränkung der Schulquartale auf zwei, also auf Semestralversammlungen beigetragen haben. Am 24. August 1775 geschieht diese Herabsetzung, aber noch 1789 werden diese kollegialischen Versammlungen eingeschärft und unentschuldigte Versäumnis mit 2 Thaler Strafe geahndet.

Neben den Quartalversammlungen müssen anfangs noch alle 6 Wochen Versammlungen stattgefunden haben. In dem Kampf gegen den Gymnasialkollegen Magister Schweicker oder Schweickardt um 1591, der mit seiner Frau noch neben seiner Stellung am Gymnasium eine deutsche Schule führt, klagen die Schulmeister auch, daß er ihre 6wöchentlichen Zusammenkünfte als Konvivien dargestellt habe. Bei den Quartalgeboten gab es allerdings Wein und Pretzel, denn Lindengrün will sein »Kopfstück« nicht zu der 1729 gegründeten Witwenkasse geben, sondern verlangt dafür jene eben genannte Bewirtung. Der Eintritt in die Zunft war mit gewissen Feierlichkeiten und Kosten verknüpft: Einschreibegeld, Geld zum Pokal oder Einkommgeld, Geld für eine Malzeit u. s. w., auch war jedes Quartal ein Albus zu zahlen. Die silbernen Kleinodien wurden den 14. Mai 1729 zu Gunsten der Witwenkasse für 78 Gulden verkauft. Diese Kleinodien, die Sitzungsprotokolle, die Schulordnung, wurden in der Lade aufbewahrt, welche bei den Sitzungen offen stand ganz nach Handwerksbrauch. Diese Lade wurde beim ältesten Vorsteher aufgehoben, der jüngste Schulmeister hatte die Pflicht, sie abzuholen und wieder fortzubringen, wie er auch die Pflicht hatte, die Quartalgebote und die Leichen anzusagen.

Wichtig war die Gründung der Witwenkasse, »die bei dem Bartholomäi-Quartal 20. August 1728 vorgeschlagen, den 10. Februar 1729 von Einem Hochedlen und Hochweisen Magistrat hochgeneigt verwilligt, wie auch von Einem Hoch-Löblichen Consistorio in Ordnung und Gesetze gebracht, und endlich von Hochgedachtem Amplissimo Senatu den 10. März 1729 großgünstig approbirt und confirmieret worden.« So sagt uns das von Konrad Mann, d. Z. ältestem Vorsteher, Arithmeticus und französischem Vorsänger gewidmete, prächtig in Schweinsleder gebundene Kassa- und Protokollbuch, welches auf der Innenseite das Motto trägt:

> Wie schweres Elend muß nicht eine Wittib tragen?
> Sie ist ein Trauer-Ziel, wornach Noth, Mangel, Plagen,
> Ja jede Kreuzes-Art gespitzte Pfeile schickt,
> Und welche nirgends Trost als nur in GOTT erblickt.
> Wer sie nun hier erfreut bey trüben Unglücks-Fällen,
> Den wird der Heyland dort zu seiner Rechten stellen.

Unter den in das Buch eingetragenen Namen ist derjenige von Friedrich Vertraugott Klitscher, dem ersten Oberlehrer der Musterschule, von dem später ausführlich zu sprechen ist, der drittletzte. Es steht dabei: Resigniert 4. 12. 1798.

Nach der Schulordnung von 1765, Titel VIII, § 3 hatte die Kasse folgende regelmäßige Einnahmen:

I. Gebühren der angehenden Schulmeister:
   a) Inskriptionsgeld . . . . fl. 1 kr. 30
   b) Eintrag des Namens in den Katalog . . . . » 1 » —
   c) das sog. Einkommgeld, früher zum Pokal gewidmet . . » 4 » 20
   d) Einstand . . . . » 10 » —
   e) Wegen der sonst gegebenen und abgeschafften Malzeit . » 10 » —
                                                                                              fl. 26 kr. 50

II. Alle Einstände nach bisherigem Gebrauch . . . . . . fl. — kr. 48
III. Alle Ausstände nach bisherigem Gebrauch . . . . . . » — » 48
IV. Inskriptionsgeld einer Schulmeistersfrau,
   a) wenn sie eines Schulmeisters Tochter . . . . » 1 » —
   b) wenn nicht . . . . » 15 » —
V. Quartal-Albus von jedem Schulhalter, auch jeder Wittib . » — » 20
VI. Das gewöhnliche Neujahr der Judenschaft [30]) für jeden Schulmeister, dessen Witwe oder Kind, die an der Kasse participieren . . . . » — » 45
VII. Trägergebühren von einer Leiche, die das Schul-Kollegium bedient.
VIII. Strafgelder.

Außerdem sollten an die Kasse 200 Thaler zu fl. 1. 30 kr. bezahlt werden, wenn bei Erledigung einer Schule keine Witwe oder eine sonst Berechtigte vorhanden war. Ferner durfte dieselbe Vermächtnisse annehmen.

Bezahlt wurden nach § 4 der Schulordnung von 1765 zur Leiche eines Schulmeisters 60 Gulden, bei Unglück durch Feuer u. s. w. nach Vermögen. Sämtliche Interessen wurden alle Jahr auf Urbani an die Schulmeisters-Witwen oder die Kinder unter 18 Jahren zu gleichen Teilen verteilt. Bei Verlust der Schule oder bei schimpflichem Lebenswandel verlor die Witwe ihr Anrecht. Bedeutend können natürlich die Unterstützungen aus der Witwenkasse nicht gewesen sein.

Mit der zünftigen Geschlossenheit des Kollegiums der teutschen Schulmeister hing natürlich ein fortwährender Verteidigungskampf gegen die Winkelschulmeister, Schultörer (in Nürnberg auch Stümpel, Kalmäuser [31]) und Vaganten genannt) zusammen. Schon 1600 klagen die zünftigen Schulmeister über Schultörer. 4. September 1690 ist dann eine strenge Verordnung

---

[30]) Außer diesem Noujahrsgeschenk, dessen Anfangsdatum ich nicht anzugeben vermag, hatten die Juden nach Ratsbeschluß von 1492 (Tertia in die Anthonii) an jeglichen Schöffen Münz zu einem neuen Jahr zu geben, oder so etliche Schöffen mit Todt abgegangen wären, den betreffenden Theil an die armen Siechen im Spital. Lersner II, 1, 815.

[31]) In Grimms Wörterbuch ist das Wort in diesem besonderen Sinne nicht zu finden. Eine aus Fischart citierte Stelle, wo es mit Bachanten zusammen vorkommt, wie hier mit Vaganten, gehört wohl in diesen Begriffskreis. Ueber die Etymologie, wie in Bezug auf die Deutung muß ich auf Grimm selbst verweisen.

von Bürgermeister und Senat gegen die Schulstörer erlassen, die ohne Permission der Scholarchen Unterricht erteilen. Es wird solchen mit strenger Animadversion, ja fremden Studiosis und hier nicht Eingebürgerten mit Ausweisung in 4 Wochen gedroht. Die Collegae Gymnasii und die Schulmeister werden zur Anzeige verpflichtet. Aber auch die Wiederholung dieses Erlasses im Mai 1726 und die aufmerksame Polizei der lateinischen und deutschen Schulmeister konnte diese Konkurrenten nicht beseitigen. Es würde zuweit führen, wollte ich das ergiebige Material aus den Akten zusammenstellen. Aber es war eine sonderbare Gesellschaft, welche als Hauptschulstörer denunciert wird. So 1742: »Müller, ein abgedankter Soldat, von Profession ein Buchdrucker; Beinhauer, ein wegen seiner liederlichen Aufführung abgesetzter Schulmeister; der sogenannte lahme Nickel, ein Almosenempfänger; Soldat Teuffel; Werner (ohne nähere Bezeichnung); Hoff hält öffentlich Schule, ist reformierter Religion, welches dem gemeinen Wesen höchst schädlich und mit der Zeit eine ordentliche reformierte Schule daraus entstehen kann;. Schindler, der die Schulmeisterstelle in Niederrad erst erstrebt, dann abgelehnt, informiert ubi vis und nimmt denen Meistern das Brod aus dem Munde; Kommersbach, dem alle Religionen gleichgeltend sind, und der von seinen Frauen ist, informiert in Frankfurt und Sachsenhausen; Schwanenholtz, gebürtig von Darmstadt, gehet oft als ein Baron gekleidet; Preissler, lahm, ehe er sich verheiratet, und den seine Frau zu ernähren sich verpflichtet, hat den Kaiser in einer Schrift belogen.« Besonders häufig kommen Skribenten und Handlungsdiener als Schulstörer vor, die im Schreiben oder Rechnen unterrichten, aber auch Handwerker aus allen Handwerken, natürlich öfter reformierte, ein Brauerknecht, eine Nähfrau mit ihren Töchtern u. s. w. 1788 heißt es außerdem: »Selbst in das Heiligtum der Religion mischen sich diese Schleichhändler und streuen, in den Mantel der Rechtgläubigkeit gehüllt, oft sowohl seichte als gefährliche Grundsätze aus, welche bei dem zum Jüngling herangewachsenen Kind dann nur zu oft Aberglauben oder Unglauben bewirken. Jeder »facierende« (sic!) Studiosus oder abgedankte Livréebediente wirft sich zum Pädagogen auf und findet in dieser angenommenen Würde alsdann hier sein Auskommen.« In der großen Bittschrift der deutschen Schulhalter vom Januar 1802 heißt es nach der Klage über die 9 privilegierten Schulmeister mit je 80 bis 100 Schülern und die noch zahlreicheren Rechenmeister: »Des zahllosen Heeres derer, die im Finstern schleichen und sogenannte Winkelschulen in allen Ecken der Stadt halten, wollen wir gar nicht gedenken. Banqueroutiers, veraltete Kandidaten, abgesetzte Beamten, Mäkler, Schiebkärcher, Soldaten und jeder, der das öffentliche Vertrauen verloren hat und sich nicht anders zu ernähren weiß, verfällt aus Desparation auf den Gedanken, Jugendlehrer zu werden, und findet gewöhnlich auch sein Publikum und Auskommen.« 1677 werden die Schulstörer schon auf 50, später wohl auf 200 angegeben. Daneben giebt es dann noch mit der Erlaubnis zur Unterrichtserteilung eine Menge Hausinformatoren. Schon 1677 klagen die Schulmeister, es sei so hoch gekommen, daß jeder Handwerksmann einen Praeceptorem domesticum halte. Aehnliche Klagen wiederholen sich später, daß kein Kind aus guter bürgerlicher Familie in die öffentlichen Schulen geschickt werde. »Ein panischer Schrecken durchbebe alle Glieder eines Schulmanns, wenn er die wöchentlichen Nachrichtsblätter durchlese und dort ein Avertissement finde, daß wieder ein neuer Nebenbuhler hochobrigkeitlich autorisiert worden sei, mit dem Schulmann sein ohnehin karges Einkommen zu teilen.«

Beneidenswert erschienen die Lehrer am Gymnasium, die ein festes Einkommen hatten, beneidenswert selbst die Dorfschulmeister, die doch wenigstens vom Staat gebaute, wohleingerichtete Wohnungen für sich und geräumige Zimmer für ihre Schüler hätten. Freilich ließen sie dabei außer Acht, daß jene auch Küster- und Kantordienste zu versehen hatten, während ihre kirchlichen Funktionen sich nur auf Kirchenbesuch und Bewachung der Schulkinder bei den Katechisationen erstreckten.

Es bleiben nun noch einige Bemerkungen über die Schulzucht. In älterer Zeit war sie wahrscheinlich höchst einfach und bestand in körperlicher Züchtigung von allerlei Formen. Eine Klage über Mißbrauch derselben aus dem 16. und 17. Jahrhundert die deutschen Schulen betreffend habe ich nicht bei den Akten gefunden, man vertrug eben viel. In Bezug auf das Gymnasium liegt eine Klage des jüngeren Bürgermeisters (Consul Junior) Philipp Jakob Fischer vom 14. Februar 1650 gegen den Kantor Laurentius Erhardi vor, betreffend dessen übertriebene Härte (rigorem et saevitiam) bei der Züchtigung der Schüler (in corrigendis discipulis), sonderlich an seinem Sohne erwiesen. Das achtzehnte Jahrhundert bringt einige Klagen, besonders aus Sachsenhausen, doch sahen sich wohl die Schullehrer vor, um die Schüler nicht zu verlieren. Die Schulordnung von 1591 enthält kein Wort über die Schulzucht, auch die Leges von 1728 schweigen davon. Mit der zweiten Hälfte des 18. Jahrhunderts zieht dann der philanthropische Geist in die Schulen ein, der erst freundliches Zureden, dann Wirken auf die Ehrbegierde vorschreibt (Schulordnung von 1765 Tit. II, § 6), nur als äußerstes Kastigation mit Rücksicht auf Alter und Constitution gestattet, erst gelinde, dann schärfer, aber nie Stockschläge. Nach dem Entwurfe der Schulordnung von 1759 ist nur die Ruthe, höchstens der Farrenschwanz erlaubt, außer Stockschlägen sind Maulschellen, Schläge auf den Kopf, Ziehen bei Haaren und Ohren, grobe Scheltworte ausgeschlossen, Behandlungsweisen, die also wahrscheinlich nicht selten vorkamen. Die Schulordnung selbst versteht unter dem Wirken auf Ehrbegierde nur ein moralisches Räsonnement vom Vorzug des Fleißigen und umgekehrt; ein Entwurf von 1759 rechnet unter dem Wirken auf die Ehrbegierde auch die Verabscheuung, die sich durch Eseltragen, Knieen »auf kurze Zeit« und dgl. ausdrückt. Indeß geht aus dem ganzen Abschnitt der Schulordnung von 1765 hervor, daß der Wert der guten Gewöhnung erkannt ist.

Die Schulordnung von 1810 betont den erziehlichen Charakter der Strafe; Stockschläge verwirft sie natürlich ganz. Sie verspricht sich viel von der Wirkung religiöser Erkenntnis, denn an den Glauben an Gott sollen im kindlichen Gemüte alle Forderungen des sittlichen Gefühls gleichsam angereiht und dadurch der Kindersinn zum Guten zweckmäßig bestimmt werden. Freude und Wehmuth im Bericht des Lehrers über den Schüler in Gegenwart des Predigers wird als besonders wirksames Mittel bezeichnet. Diese Schulordnung trägt ganz das Gepräge jener trefflichen der fromm-rationalistischen Richtung angehörigen Männer, die sich uns später bei der Gründungsgeschichte der Musterschule noch deutlicher charakterisieren werden. Derselbe Geist offenbart sich im allgemeinen auch noch in der 1813 eröffneten Weißfrauenschule in jenen altklug verständigen, hausbacken moralischen Reden, welche abgehende Schüler und Schülerinnen unter des bekannten Gräf Leitung, jedenfalls auch nach seiner Ausarbeitung beim öffentlichen Examen hersagten.

Gegen drei Jahrhunderte hatte so das deutsche Schulwesen durchlaufen, ohne eine Änderung in seinen Grundzügen. Die großen Wandlungen der Zeit waren ohne tiefgreifenden Einfluß an ihm vorübergegangen. Seit den Fünfzigern des 18. Jahrhunderts zeigten sich lebhaftere Reformbestrebungen, Bürgermeister von Humbracht scheint namentlich dafür eingetreten zu sein, aber auch die Schulordnung von 1765 erhebt sich noch auf der alten Grundlage, eine wesentliche Änderung der Zustände tritt nicht ein. Es bleibt die alte zünftige Einrichtung, die ganze Unsicherheit der wirklichen Befähigung zum Amte, aber auch die ganze Unsicherheit der Lage des Schulmeisters, die kaum in Bezug auf die Angehörigen nach Gründung der Witwenkasse um etwas gemindert ist. Kein Wunder, wenn das Institutwesen und die Privatinformation neben dem öffentlichen Schulwesen aufkam, wodurch freilich oft genug auch nur eine Scheinbildung herbeigeführt wurde. Erst in den Neunziger Jahren wurde das Reformbedürfnis durchaus fühlbar, eine Anzahl günstiger Umstände wirkten zusammen, die rechten Personen fanden sich, und ein Anfang zur Besserung wurde gemacht, eine allmähliche grundsätzliche Änderung wurde angebahnt. Man kann die früheren Unterlassungen nicht auf die Ungunst der Zeiten schieben, denn die Zeiten am Ende des 18. und am Anfang des 19. Jahrhunderts sind im allgemeinen schwerlich günstig zu nennen, um ein weitaussehendes Unternehmen zu beginnen. Der Staat thut auch hierbei wenig, die Aufgabe wurde Privatpersonen zur Lösung überlassen.

Die Verhältnisse, welche zur wesentlichen Verbesserung des Schulwesens und wenigstens zunächst zur Gründung einer Musterschule führten, waren folgende. Als am 8. Februar 1791 M o s c h e, Senior des Frankfurter lutherischen Prediger-Ministeriums, gestorben war, wurde der Doktor und Professor der Theologie an der Universität Erlangen, Wilhelm Friedrich H u f n a g e l, welcher zugleich Pfarrer der akademischen Kirche und Vorsteher des Predigerseminars daselbst war, namentlich auf Betrieb des Senators, Schöffen und Consistorial-Präsidenten Friedrich Maximilian Freiherr von G ü n d e r r o d e als Senior nach Frankfurt berufen. Beide ausgezeichnete Männer haben außer anderen mannigfaltigen Verdiensten namentlich dieses, daß sie Gründer der Musterschule sind, sich auch sonst die Verbesserung des Schulwesens angelegen sein ließen. H u f n a g e l war damals 37 Jahre alt, voll Begeisterung für das Schulwesen. In Erlangen hatte er Gelegenheit gehabt, P ö h l m a n n kennen zu lernen, einen der Träger der pädagogischen Reformideen jener Zeit, nach Hufnagels Worten einen trefflichen Methodiker, der ein zweiter, ein deutscher Pestalozzi, den Kenntnisunterricht zum formalen Bildungsmittel zu erheben mit so glücklichem Erfolge strebt. Derselbe hatte eine Erziehungsanstalt und von ihm ist der dreibändige Versuch einer praktischen Anweisung für Schullehrer, Hofmeister und Ältern, welche die Verstandeskräfte auf eine zweckmäßige Weise üben und schärfen wollen, (Erlangen, J. T. Palm, 1801—1803) in der beliebten Form sogenannter Sokratischer Unterhaltungen. Auch G r u n e r, der zweite Oberlehrer der Musterschule, hat jene Anstalt kennen gelernt. Den Pöhlmann'sche Buchstabenkasten zur Erleichterung des Lesenlernens spielte im Anfang des 19. Jahrhunderts eine Rolle. Schon 1786 hatte H u f n a g e l dort in Erlangen in der Zeitschrift für Christentum, Aufklärung und Menschenwohl ein Wort über öffentliche Schulen geschrieben. Er fand in Frankfurt ein neuerdings auf das deutsche Schulwesen lebhafter hingewendetes Interesse, aber sein Gesundheitszustand und die Not der Zeit ließen es zunächst nicht zu ernstlicher Durchführung der Reformbestrebungen kommen. Am 22. Oktober 1792 hatte bekanntlich C u s t i n e Frankfurt durch N e u w i n g e r besetzen lassen, die Franzosen brandschatzten die Stadt um 2 Millionen Gulden und schleppten auch G ü n d e r r o d e als Geisel mit nach Paris, wo er nebst anderen angesehenen Frankfurtern eine Zeit lang von Seiten des jacobinischen Pöbels in nicht geringer Gefahr schwebte. Die Franzosen wurden zwar bald, am 2. Dezember, wieder aus der Stadt geworfen, woran schon jedes Frankfurter Kind das Hessen-Denkmal erinnert, aber die Zeit blieb unruhig bewegt, auch für Frankfurt bedrohlich. Ich kann es mir an dieser Stelle nicht versagen, meine Freude an der Frankfurter Jugend auszusprechen, welche gut deutsch patriotisch, gegen Ende November nicht unterlassen konnte, »auf den Straßen wegen dem wahrscheinlichen Rückzug der Franzosen gleichsam öffentliche Freudenbezeugungen und dahin Bezug habendes lautes Geschrei anzustiften, so daß Dominus consul junior an den Rat berichtete und in Folge davon am 28. November im Schöffenrat beschlossen wurde, die Schulmeister sollten die Kinder von dergleichen gefährlichem und unanständigem Schreien und Lärmen abhalten. Die Frankfurter Schuljugend hatte ihren gesunden Sinn in den dumpfen Schulstuben nicht eingebüßt. Indes die Franzosen konnten weder auf die Dauer hinausgeschrieen, noch ferngehalten werden. Der Basler Frieden von 1795 überließ den Österreichern allein den Kampf mit den Franzosen. Als 1796 der österreichische General Wartensleben Frankfurt gegen Kleber zu verteidigen suchte, kam es in der Nacht vom 13. auf den 14. Juli zur Beschießung der Stadt, die großen Schaden anrichtete, zu welchem dann noch eine Kontribution von 8 Millionen Franken hinzukam. Sieben Ratsmitglieder wurden als Geiseln fortgeführt, darunter abermals Günderrode und der Schöff von Uffenbach. Aber gerade diese Gefangenschaft Uffenbachs, während welcher er drei Monate lang schwer krank in Aachen lag, wurde bedeutungsvoll für die Frankfurter Schulgeschichte. Trotz der schlimmen Zeitlage war im Anfange des Jahres jene gründliche Visitation aller 16 deutschen Schulen vorgenommen worden, deren Resultate in dem Hezler'schen Berichte vom 1. Februar 1796 zusammengefaßt sind. Wir geben in Folgenden die Hauptpunkte.

1. Die gewöhnliche Schule und die sogenannten Privatstunden [*]) sind weder an Inhalt der Lehre noch an Höhe der Bezahlung verschieden. Die Schule kollidiert in Bezug auf die Zeit oft mit den Strick-, Näh- und französischen Schulen, außerdem mit der Verwendung der erwachsenen Kinder während der Tageszeit in den Geschäften der Eltern, der Feld-, Garten-, Hausarbeit u. s. w. Deshalb findet man am Tage nur die kleineren Kinder, während des Abends die größeren zur Privatschule kommen, in der auch Rechnen und Schreiben in einem höheren Grade getrieben wird.

2. In allen Schulen fehlt es an den wesentlichen Erfordernissen, so vielerlei Kinder von verschiedenem Alter und ungleichen Fähigkeiten zu gleicher Zeit insgesamt beschäftigen zu können. Dieser Mangel trifft die kleineren Kinder am meisten, und infolge davon entstehen Unarten, Geräusch, Unachtsamkeit, woraus dann für die folgenden Jahre eine Gedankenlosigkeit erzeugt wird, die auch den würdigsten Lehrer sein Amt noch schwerer macht.

3. In allen Schulen dient die Bibel als Lesebuch ohne Auswahl, so wie die Kapitel auf einander folgen. Hierdurch wird die Würde der Bibel herabgesetzt; es fehlt an Verständnis, welches zu vermitteln der Lehrer selbst oft nicht die nötigen Vorkenntnisse hat. Vorwitzige Kinder vexieren einen solchen oft durch allerlei Fragen. Der Gebrauch der Bibel ist zwar nicht auszuschließen, die Kinder sollen mit ihrer Einteilung bekannt gemacht, die erwachseneren auch im Aufschlagen geübt werden, aber es empfiehlt sich, ein dem Begriff der Kinder angemessenes Buch zum Lesen zu nehmen.

4. In den meisten Schulen wird der Katechismus wörtlich auswendig gelernt; vom katechetischen Unterricht hat die Mehrzahl der Schullehrer keine Vorstellung.

5. Die Aussprache und Leseart ist meist in dem gemeinen Dialekt oder mit falschem Accent und entweder schreiend oder zu furchtsam, aber in beiden Fällen unverständlich. [**])

---

[*]) Es handelt sich hier natürlich nicht um eigentliche Privatstunden in den Häusern, sondern um Unterricht mehrerer Schüler zusammen in der Schulstube außer der eigentlichen Schulzeit.

[**]) Klitscher spricht in seinem ersten Schulberichte der Musterschule 1804 auch von dem erbärmlichen Schulton, den namentlich noch Pfarrer Stellwag in Sachsenhausen in dem Revisionsbericht vom 3. Januar 1809 bezüglich der Schulen von Hofmann und Göpfert rügt, zugleich aber zu erklären sucht. Bei dem Lesen der Bibel nämlich, die in so viele kleine Abschnitte zerfällt, sei jener Schulton unvermeidlich, welcher dem Ohre so widerlich klingt. Selbst die Übungen von unten herauf — das uralte A B C - Buch nebst dem kleinen Katechismus zum Syllabieren, der Psalter, um lesen zu lernen — trügen dazu bei, daß der singende und schnarrende Ton sich von einem Geschlecht zum andern fortpflanze. — Übrigens findet man auch jetzt noch oft einen solchen Schulton und nicht bloss in Frankfurt.

6. Das Schreiben geschieht nach Vorschrift des Lehrers in den einzelnen Heften oder es wird von Vorschriftblättern abgeschrieben. Einige Lehrer schreiben auch an der Tafel vor, falsch oder richtig, lassen auch dictando schreiben und korrigieren dann die einzelnen Bücher. 7. Das Singen ist meist ein unerträgliches Geschrei, je nach der stärkeren oder schwächeren Stimme des Lehrers. 8. Schulversäumnis ist häufig auf Veranlassung der Eltern, welche die Kinder in ihren Nahrungsgeschäften brauchen. 9. Die Schulbücher, z. B. die Bibeln, sind in zu kleinem oder schlechtem, durchschlagendem Druck, gleich als ob man den Kindern das Lesen und Buchstabieren dadurch erschweren wollte; viele sind auch mit häßlichen, unschicklichen Kupfern oder vielmehr Holzschnitten geziert und meist unreinlich gehalten.

Nach diesem Visitationsberichte bestanden damals 16 Schulen: 1 und 2 in Sachsenhausen unter Sauer und Schulz jun., in welches letzteren Schule nur 10 bis 12 meist kleine Kinder gefunden wurden; 3 in der Fischergasse, mit vielen ungesund aussehenden dickbäuchigen Kindern (Ewald); 4 an der Peterskirche (Bischoff); 5 in der Rittergasse (Hüttner), mit vielen ungesund und unreinlich aussehenden Kindern; 6 an der Hospitalkirche (Kohlermann). Hier wurde das Lied: »Allein Gott in der Höh' sei Ehr'!« so gesungen, daß man Gefahr lief, am Gehör zu leiden; 7 in der Gelnhäusergasse (Chelius); 8 in der Steingasse (Rehbock); 9 in der Bockgasse (Becker); 10 an der Katharinenpforte (Burckhard); 11 in der Borngasse (Gollhard); 12 in der Rothkreuzgasse (Oeiler); 13 in der Rosengasse (Schulz sen.); 14 in der kleinen Eschenheimergasse (Hill); 15 auf der grossen Eschenheimergasse (Lamberti), nur 10—12 Kinder anwesend; 16 auf dem Komödienplatz (Kemmeter).

Die Klagen über schlechte, dunstige, verbaute Schulzimmer — und man war damals noch in hygienischer Hinsicht sehr anspruchslos — sind schon früher erwähnt. Fast durchgängig scheint ein ganz mechanisches Verfahren geherrscht zu haben, nur bei Chelius und Rehbock wird einige, bei Bischoff gute Fähigkeit im Katechisieren, bei Gollhard das Streben, den Schülern das Gelernte zu erklären und begreiflich zu machen, anerkannt. Am tiefsten scheint die Becker'sche Schule gestanden zu haben.

Nun trat Senior Hufnagel entschieden mit seinen Verbesserungsplänen hervor. Zunächst handelte es sich um Schulbücher. Den Anfang machte ein »Neuestes ABC-Buch mit kurzen Leseübungen für Stadt- und Dorfschulen brauchbar« von dem Gymnasiallehrer Mosche, einem pädagogisch sehr regsamen Manne, und seinem Kollegen Fresenius ausgearbeitet. Da ich die alte Fibel und den »Appelmann« mit aller Mühe nicht habe auftreiben können, kann ich den ganzen Wert der Verbesserung nicht beurteilen. Allem Anschein nach enthielt die alte Fibel wie das »Teutsch-Reformirte Namenbüchlein samt den fünf Hauptstücken. Für die Kinder, welche anfangen zu lernen,« das auch ohne Jahreszahl in der Jäger'schen Buchhandlung am Pfarreisen herausgekommen ist, das ABC, einige Silbenzusammenstellungen, eine Anzahl von Worten, die 5 Hauptstücke, einige Gebete, die deutschen und römischen Ziffern und das Einmaleins. Die genialen Holzschnitte des lebendigen und stummen Alphabets auf der letzten Seite, wo Rabe, Maus, Hund u. s. w., auch Kind, Fuhrmann, Wind und hauchender Mund dargestellt werden, letzterer besonders anschaulich, um gewisse Laute ins Gedächtnis zu rufen, gehören wohl jener alten Fibel nicht an. Überhaupt war dieses Namenbüchlein nicht für Frankfurt, sondern allem Anschein nach für die Grafschaft Hanau bestimmt. Das »Neueste ABC-Buch« suchte ein mehr rationelles Vorschreiten anzubahnen; auf Vorsprechen in reiner Aussprache, auf Behandlung der kleinen und dann erst der großen Buchstaben sollte gehalten werden. Der Hauptunterschied von dem früheren ABC-Buche war, daß die 5 Hauptstücke fehlten. Es enthielt auch keine Abschnitte aus der Bibel, weil man die Bibel durch ein Lesen ohne Denken und Fühlen und ohne Geist und Herz aus ihr zu nähren, entheilige. Diese Scheu, das Heilige zu entheiligen, ging so weit, daß bei den Fragen, auf welche die Antwort: Gott lauten würde (z. B. wer schuf die Sonne?), das Wort Gott nicht hingedruckt ist, weil es nicht zur Leseübung dienen, sondern weil die Antwort Gott eine Geistes- und Herzenssache sein soll. »So ist auch auf Seite 25, wo es heißt, ein Kind soll früh aufstehen, sich Hände und Gesicht waschen, sein Morgenbrod nehmen und zur Schule hineilen, vom Beten nicht gesprochen, »weil dasselbe sich nicht mit dem Händewaschen einschärfen läßt, das Gebet muß ein Resultat des Denkens und Fühlens sein.« Man sieht, wie weit der Geist der Einfalt jener Zeit fehlte; denn sonst würde man leicht einen andern Ausweg gefunden haben. Statt jenes kirchlich-biblischen Bestandteils herrscht Belehrung über die das Kind umgebende Welt und jene dick aufgetragene Moral vom fleißigen und faulen, unersättlichen, lügenhaften und aufrichtigen, unvorsichtigen u. s. w. Kinde vor, und zum Schluß wird man unter übergedruckten primitiven Holzschnitten durch das Alphabet geführt, vom Apfel bis zur Ziege, die mütterlich ihr Junges tränkt. Es sind lauter Tiere, mit denen sich das Buch beschäftigt, nur Apfel, Buch, Citrone, Jäger und Uhr machen eine Ausnahme. Offenbar strebte man danach, der Anschauung Vorschub zu leisten, das Kind vom Bekannten zum Unbekannten zu führen, moralische Brauchbarkeit zu verbreiten. Indem man in jener Zeit immer das Fühlen rein halten wollte, merkte man nicht, daß man auch auf diesem Gebiete schließlich alles auf Reflexion aufbaute. Man scheute sich, Gott in die Entheiligung der gewöhnlichen Lebensvorgänge und Übungen hineinzuziehen, aber man fing an, Religion und Moral vollständig zu verwechseln, und gewann doch schließlich nur die Grundlage für eine bürgerliche Rechtschaffenheit, welche in einer verstandesmäßig konstruierten Welt die allgemeine Glückseligkeit glaubte herstellen zu können. Der letzte und krasseste Ausläufer dieser reflektierten Brauchbarkeit liegt uns in dem französischen Revolutions-Kalender vor, der sich zwischen Gemüse, Früchten, Vieh und Geräten bewegt und endlich in die Feste der Tugend, des Genius, der Arbeit, der öffentlichen Meinung, der Belohnungen ausläuft.

Es sei ferne das Andenken jener trefflichen Männer: Hufnagel, Günderrode, Mosche, Fresenius u. A. herabsetzen zu wollen, sie sind auch wie Rousseau's Vicaire von lebhafter Ehrfurcht vor Gott, von Liebe zu Christus durchdrungen die sie auch im Handeln bewähren, aber einerseits standen sie der alten bibelfesten Orthodoxie, die vor allem in ihrer biblischen Welt lebte, gegenüber, andererseits sind sie auch nicht in die geheimnißvolle Tiefe des religiösen Lebens eingedrungen. Der Gott der Aufgeklärten jener Zeit ist ein wesentlich transscendenter, nicht jener, in dem wir leben und weben und sind, und der wieder in unserm Leben sich offenbart. Auch der geschichtliche Sinn war jener Zeit abhanden gekommen oder noch nicht aufgegangen, sie lebten mehr, als sie irgend ahnten, bei all ihrem Dringen auf Anschauung und Wirklichkeit in einer abstrakten Welt und konstruierten sich den Menschen und die Menschheit nach verstandesmäßigen Gesichtspunkten. Aber in dem relativen Gange aller menschlichen Dinge war hier doch ein Fortschritt gegeben, dessen Eigentümlichkeit sich durch die Gegensätze erklärt, die hier weiter zu entwickeln nicht an der Stelle ist. Dem ABC-Buche sollten dann eine Reihe anderer Bücher folgen, um das Reformwerk zu vollenden. Indes schon mit dem ABC-Buch scheiterte man. Nur auf dem Lande ging die Einführung desselben, welche im November 1797 angeordnet wurde, anstandslos durch, in Frankfurt stieß sie nach dem Konsistorialberichte vom 5. November 1802 »auf Unverstand und bösen Willen, erfuhr die ärgsten Anfeindungen und stupidesten Mißhandlungen.« Noch 1809 findet Pfarrer Kirchner bei seiner Schulrevision, über die er am 4. Januar 1809 berichtet, das neue Frankfurter ABC-Buch, sei es aus Eigensinn der Eltern oder Lehrer, in den Händen der wenigsten Kinder. Statt dessen herrscht die alte, auf zusammengeleimtem Löschpapier gedruckte Fibel [14]) und nebst dem kleinen Katechismus »ein vaterländisches Produkt, bekannt genug unter dem Namen des weiland hiesigen Gymnasiumskollegen Appelmann, eine Ollapotrida von Deutsch und Latein, biblischen eigenen Namen (der Folterbank der Buchstabierschüler) und Bußpsalmen, Bibelsprüchen und Reimgebetlein u. s. w.« Zwar rief das Frankfurter neue ABC-Buch nicht eine so große Aufregung hervor wie 1776 das neue nassauisch-weilburgische, durch das die Bewohner dieses Landes fürchteten um ihren Glauben gebracht werden zu sollen, weil die 10 Gebote, die 3 Glaubensartikel und das Vaterunser nicht mehr darin standen. In Frankfurt wurde die äußere Ruhe nicht gestört, während der nassauische Fürst 800 Mann kurpfälzischer Hilfstruppen ins Land rief, da seine eigene Militärmacht nicht ausreichte die Bewegung zu unterdrücken, und schließlich in dem ABC-Kriege zum Nachgeben genötigt, seinen Verbesserungseifer mit 60 000 Gulden an Kosten zu bezahlen hatte. In Frankfurt stieß die Einführung nur auf passiven Widerstand, auch eigentlich religiöse Bedenken können kaum entscheidend gewesen sein, da hier allem Anschein nach im allgemeinen die aufgeklärte Richtung vorherrschte, wenn wir freilich auch später von einer politisch-religiösen Gährung in Sachsenhausen zu berichten haben. Der Versuch, wenigstens eine Bürgerschule in die neue Bahn zu führen, den das Konsistorium auf Senior Hufnagels Betrieb dadurch machte, daß man die Chelius abgekaufte Schule an Klitscher übertrug, von dem später ausführlich gesprochen werden wird, scheiterte vollständig. Aber damit wurde die Sache nicht aufgegeben. Das Streben der Schulverbesserung lag zu sehr in der Zeit, als daß die Männer, welche ihre Lebensaufgabe darin sahen, davon hätten abstehen sollen.

Solche Verbesserungsbestrebungen gingen auch von katholischer Seite aus. Am 2. December 1782 hatte schon der Kanonikus Molinari Verbesserungsvorschläge für das katholische Schulwesen an die Gemeindevorsteher gerichtet, indem er dargelegt, daß die Pfarrschule den Anforderungen durchaus nicht entspreche. Dieses Vorgehn gründete sich auf die Bemühungen des Mainzer Erzbischofs Emmerich Joseph selbst, der in Ermangelung eines weltlichen Schulfouds 2 Priester aus dem Karmeliterorden, Nazarius und Clemens, in die öffentliche akademische Pflanzschule berufen hatte, die nun nach dem Zeugnisse der Mainzer hohen Schulkommission wohl vorbereitet waren, die ihnen in Frankfurt anzuvertrauende Jugend nach der »auf die Seelenkräfte begründeten sanften und deutlichen Methode« zu unterweisen. Unter Leitung des Kanonikus Molinari und des Pfarrers Krauch und Mitwirkung des Gemeindevorstandes für das finanzielle Gebiet macht man sich nun daran, eine dreiklassige Trivial- [15]) und eine an diese sich anschließende Realschule zu gründen, in der außer den gewöhnlichen Lehrgegenständen auch Briefschreibekunst, Sittenlehre, Geographie, Latein und Französisch unterrichtet wird. Das Lateinische ist nicht obligatorisch. Am 27. Februar 1796 erschien auch unter dem Privilegium des Kurfürsten Friederich Karl Joseph eine neue umgearbeitete Auflage des vergriffenen ersten Lesebuchs: ABC, Syllabier- und Lesebuch zum Gebrauch der kleinen Schuljugend in den Kur-Mainzischen Landen zum Besten des Wittwen- und Waisen-Instituts der Kurfürstlichen (deutschen) Schullehrer. Es sucht methodisch vorzugehn, will Schreiben und Buchstabenkenntnis

---

[14]) Es muß schlimm gewesen sein, denn das auf Druckpapier gedruckte neueste ABC-Buch kann sich auch seines Papiers nicht rühmen. Die auf Schreibpapier gedruckten und illuminierten (Preis 36 kr.) mögen allerdings besser gewesen sein.

[15]) Damit ist allerdings noch nicht gesagt, daß man sich die 3 Klassen vollständig von einander getrennt vorstellen darf. 1806 heißt es, daß der Fürst-Primas die 2 Trivialklassen auf 3 erhöht habe.

zugleich und enthält deshalb von vornherein Schreibschrift und zwar zunächst lateinische, welche im Frankfurter Buche, in dem auch die deutsche Schreibschrift erst sehr spät auftritt, gar nicht vorkommt. Es sind aber neben den im Geiste der Zeit deutlichen moralischen Erzählungen und Belehrungen die kirchlich-religiösen Bestandteile einigermaßen festgehalten, und das Buch ist nicht so überladen mit allerlei nützlichem Erkenntnisstoff wie das neue Frankfurter. An dieses ABC-Buch schließt sich ein Mainzer Lesebuch und Evangelium an, das mir nicht zu Gesichte gekommen ist. Außerdem sind eine Anzahl von Büchern vorgeschrieben: Katechismus von Felbiger; Anweisung zur Rechenkunst (ohne Namen); Gottscheds Kern (der deutschen Sprache); Osterwalds Erdbeschreibung. Für Latein: Entrop und eine Grammatik von Duffendinger. Die französische Grammatik bleibt der Wahl überlassen; für die unterste Klasse werden noch die Mainzer ABC-Tafeln vorgeschrieben. — So war das katholische Schulwesen in Frankfurt dem protestantischen vorausgeeilt. Auch die Schwestern der Rosenberger Einigung (Stiftung 1452) und die 1749 von Fulda durch Kurfürst Johann Friedrich Karl nach Frankfurt gerufenen Englischen Fräulein beschäftigten sich mit Erziehung und Unterweisung der (weiblichen) Jugend, jene im November 1802 als blos weltliche Stiftung, damals mit einer deutschen, einer französischen und einer Handarbeitschule, durch Ratsconclusum dem Rat untergeordnet, diese im Februar 1804 durch Ratsbeschluß provisorisch bestätigt.

Auch unter den Frankfurter Juden begann gegen Ende des 18. Jahrhundetrs das Bedürfnis deutscher Bildung sich zu regen.

Das protestantische Schulwesen schritt bei dem besten Willen der früher erwähnten tüchtigen Männer nicht wesentlich fort, wenn auch mit dem Aufkaufen der deutschen Schulen bei der Chelius'schen Schule der Anfang gemacht und dann weiter auf diesem Wege fortzugehen beschlossen und auch wirklich fortgegangen wurde.

Da giebt endlich das Uffenbach'sche Vermächtnis eine bessere Operationsbasis für das Vorgehen Hufnagels und Günderrodes. Es wurde schon vorher auf die Bedeutung von Uffenbachs Gefangenschaft für die Frankfurter Schulentwickelung hingewiesen. Damit verhielt es sich so. Joh. Friedrich von Uffenbach, geboren den 27. Juni 1725, war, wie schon früher erwähnt, 1796 zu Aachen als Geisel in französischer Gefangenschaft erkrankt und setzte nun in seinem Testament vom 26. September 1798 den hochedlen Rat der Stadt Frankfurt zum Universalerben ein mit folgenden Worten: »Was nun meine letzte Willensdisposition anbelangt, so erkläre ich hiermit bei guter Vernunft und Sinnen, daß, da Ein Hochedler Rath der Reichsstadt Frankfurt am Main mir stets und vorzüglich während meiner französischen Gefangenschaft und daselbst drei Monat langen hart darnieder liegenden Unpäßlichkeit sehr viele Proben seiner väterlichen Zuneigung und Gewogenheit bewiesen hat, ich also hochdemselben hierfür meine Erkenntlichkeit einigermaßen bezeugen zu können, so setze denselben zum Universalerben meines sämmtlichen Hab und Vermögens ein, um damit zum Besten des gemeinen Stadt-Wesens auf die ihm bestdenkende Art und Weise, welche Ihm lediglich überlasse, zu schalten und zu verwalten.« Als er nun als kaiserlicher Rat und älterer Schöff der Stadt Frankfurt den 27. April 1799 starb, beauftragte sogleich das Konsistorium den Senior Hufnagel Vorschläge zu machen, »wie Gelder einer wohlthätigen Stiftung vor allen andern guten Anstalten für eine zweckmäßig einzurichtende Stadtschule verwendet werden könnten.« Hufnagel geht auch unverzüglich ans Werk und schon am 7. Mai unterbreitet das Konsistorium demselben Vorschläge verbunden mit Gedanken und Vorschlägen des Schöffen und Konsistorial-Direktors Günderrode dem Rat. Beide stimmen im wesentlichen überein. Als Ziel schwebt ihnen vor, dereinst einem jeden der 14 Stadtquartiere einen würdigen von der Stadt angestellten Schullehrer zu verschaffen. Zunächst aber solle man wenigstens eine Schule als Muster gründen, etwa indem man die erledigte Schule Klitschers benutze und für Miete einer guten Schulstube 100 Gulden, als Gehalt des Lehrers 400 Gulden aussetze. Vielleicht lasse sich das Uffenbach'sche Haus als Schulhaus benutzen. Bei der jetzigen unsicheren, von der Gunst des Publikums abhängigen Lage der Schullehrer, und der Unzulänglichkeit ihrer Einnahmen, die sie veranlasse durch wucherliche Krämerei von Papier, Federn und dergl. an ihren Schülern sich einen unwürdigen Gewinn zu suchen oder auch durch Dienste als Wage-, Zoll-, Mehlhelfer, als Makler u. s. w. sich eine Einnahme zu schaffen, wobei sie sich oft wochenlang durch einen beliebigen Menschen vertreten ließen, dem sie einen Gulden Monatslohn bezahlten, könne die notwendige Würde des Schulkollegiums nicht gewahrt werden. Während allenthalben ringsum sowohl in protestantischen als auch in katholischen Staaten die wichtigsten Fortschritte im Erziehungswesen geschehen seien durch bessere Methode, Gehaltserhöhung der Lehrer, Bildung von Seminarien, Einführung zweckmäßiger Lehrbücher, sei hier seit den Zeiten unmittelbar nach der Reformation für das öffentliche Erziehungswesen nichts geschehen. Also wenigstens zunächst eine Anstalt als Muster einer anzubahnenden allgemeinen Reform, für welche das Uffenbach'sche Vermächtnis den Stamm eines durch Mildthätigkeit »der so gut gesinnten begüterten Mitbürger« zu vermehrenden Schulfonds bilden könne! Zu Lehrern findet Hufnagel »wegen der nötigen wissenschaftlichen Bildung und der Verbindung der Aufgabe des Schullehrers mit derjenigen des Religionslehrers eigentlich auch nur solche junge Männer wert, ihre wissenschaftlichen Grundsätze zum Besten der Schuljugend geltend zu machen, denen einst ganze Gemeinden und ihre weiteren Fortschritte in christlichen Einsichten und Erfahrungen anvertraut werden dürfen.« Günderrode will wenigstens neben guten Gymnasialschülern der oberen Klassen und konzessionierten fremden Informatoren Predigtamts-Kandidaten zum Unterricht der in der in Aussicht genommenen Anstalt zu bildenden Abteilungen nach Geschlechtern und Fortschritten benutzen. Übrigens ist thatsächlich der Verfasser dieser Abhandlung der erste Direktor der Musterschule, der nicht ursprünglich Theologe war. Günderrode will dann namentlich diese Anstalt auch als eine Art Seminar zur Vorbildung junger Leute benutzt sein, die sich dem Prediger- und Schulstande widmen wollen. Fügen wir die Forderung guter Schulbücher hinzu, deren Herstellung sich Hufnagel mit Hilfe von Mosche und Fresenius den Zeitanschauungen gemäß angelegen sein ließ, so haben wir den ganzen Reformplan, dessen erste sichere Etappe die Gründung einer Schule als Muster für die allmählich vorzunehmende höchst nötige Reform der deutschen Schulen im allgemeinen bildete.

Am 30. September 1799 fand die feierliche Immission in den Nachlaß statt durch Schultheiß und Schöffen des heiligen römischen Reichs freier Stadt Frankfurt. Nicht ganz einen Monat später trat dann auch der Rat durch Deputationsgutachten den Vorschlägen des Konsistoriums näher, aber nun begann allseitiger Sturmlauf auf die Uffenbach'sche Hinterlassenschaft. Um das Haus bewarb sich der Stadtschreiber Kanzlei-Rat Böhmer als Amtswohnung, jedoch vergeblich; glücklicher waren zwei Jungfern Albrecht, die um zeitweilige Überlassung einer Parterrestube für ihre Kleinkinderschule baten. Der Plan, das Haus zum Schulhause zu machen, mußte aufgegeben werden, da an barem Erlös aus der Erbschaft nach Abzahlung der Legate und der Passiva nur 700 Gulden übrig blieben. Man mußte das Haus am 21. Oktober 1800 um 21 000 Gulden verkaufen, welche das Rechneiamt mit 4 Prozent verzinste. Das bildete vorläufig den Schulfonds.

Zu dieser Zeit war übrigens auch noch an anderer Stelle das Streben für die Erziehung lebhaft, die 1724 gegründete Loge zur Einigkeit faßte auf Vortrag des Meisters vom Stuhl, Constantin Fellner, den Entschluß, nach dem Vorgange anderer Logen, eine Wohlthätigkeits-

Anstalt zu gründen, um die Bildung der Jugend zu unterstützen, dem Staate gute, brauchbare und thätige Menschen zu verschaffen. Die Anstalt besteht noch fort, sie hat ein großes Vermögen gesammelt, anregend durch Preisausschreiben gewirkt, fördert aber sonst auch im Stillen die Zwecke der Erziehung, auf Errichtung einer eigenen Anstalt hat sie verzichtet. Auf Näheres einzugehen, würde zu weit führen, die Tendenz der Verwaltung wurde durch die Stiftungszeit und durch die allgemeine Gesinnung der Freimaurerorden bestimmt. Das Konsistorium hielt an seinen Plänen fest: eine Musteranstalt zu gründen, in einer guten Schulstube, unter tüchtigen Lehrern und für gute Schulbücher zu sorgen. Der Hauptsturm auf das Uffenbach'sche Vermächtnis geschah aber in einer höchst beweglichen Bittschrift aller 15 deutschen Schullehrer vom 25. Januar 1802. Sie ist schon früher erwähnt. Aber das Konsistorium blieb bei seinen Plänen, die Zinsen des durch einige hinzukommende Einnahmen auf 23 500 Gulden angelaufenen Vermächtnisses zur Gewinnung eines tüchtigen Lehrers mit 600 bis 800 Gulden Gehalt und zur Gründung einer Musterschule [34]) zu verwenden, in der nach zweckmäßigen Schulbüchern in guter Methode gelehrt werde. Für das Schulwesen im allgemeinen lasse sich mit der Summe nichts Wesentliches anfangen. Für erledigte deutsche Schulen müsse man tüchtige Leute zu gewinnen suchen, wie Gräff, der studiert, Hofmann, der das meiningische Lehrerseminar besucht, und Noll in Niederrad, der sich schon vorher in Bockenheim vorzüglich bewährt habe. Anderen, besonders schlimm gestellten Schullehrern möge man aus anderen Mitteln Unterstützung geben, vielleicht lasse sich auch dieser oder jener, der zum Schulmann nicht befähigt sei, in irgend einem erledigten Stadtdienste verwenden, für den er besser passe. Womöglich solle man aus dem Schulfonds junge talentvolle Leute unterstützen, die sich zu Lehrern ausbilden wollten. Zur Herstellung guter Lehrbücher waren, wie schon gesagt, Mosche, Fresenius und Hufnagel selbst thätig. Am 3. Dezember 1802 stimmte der Rat den Ausführungen des Konsistoriums zu und forderte nun zum Vorschlage eines »tüchtigen Subjektes« als Lehrer der neuen Schule auf, dem ein fixer Gehalt zu geben sei, damit er anständig und von den Launen der Eltern und Kinder unabhängig leben könne, aber nicht zu hoch, damit er, ohne abhängig zu sein, einen Nebengrund habe, sich um den Beifall des Publikums zu bewerben. Am 9. Dezember 1802 wird dann durch Ratsschluß dem Konsistorium der Zinsertrag des Uffenbach'schen Vermächtnisses in Höhe von 920 Gulden überwiesen, um »eine ganz neue Schule als Muster-Schule zu errichten und zu dem Ende Senatui ein tüchtiges Subjekt nebst dem demselben auszuwerfenden fixen Gehalte vorzuschlagen u. s. w., auch sonst alle Mittel zur Verbesserung der teutschen Schulen einzuschlagen.«

Das Konsistorium wagte offenbar mit diesen geringen Mitteln und bei der unsicheren Aussicht auf zufließende Beiträge wohlhabender Mitbürger nicht mit bindenden Maßregeln vorzugehen. Hufnagel zwar wandte sich mit Blick und Anfrage nach außen an den General-Superintendenten Löffler in Gotha, an Salzmann in Schnepfenthal, Konsistorial-Rat Ammon in Göttingen u. a. m., um Empfehlung erfahrener Männer zur Leitung der zu gründenden Musterschule, aber bei dem geringen Gehalte, den man aus den Zinsen des Schulfonds in Aussicht stellen konnte, vergeblich. Auch fürchtete man, »ein Fremder werde hier mit den Verhältnissen, mit den Vorurteilen der Eltern, mit dem Neid der anderen Lehrer nicht zurechtkommen.« Deshalb ging man bescheidener vorwärts. Als Anfang 1803, nach Absterben des Schullehrers Geiler, eine zweite „deutsche Schule (die Chelius-Klitscher'sche war nach früheren

---

[34]) Hier, also am 25. November 1802, kommt dieser Name zuerst für die zu errichtende Schule vor; es ist dies der Tauftag des allerdings noch nicht geborenen Kindes.

Bemerkungen auch unbesetzt geblieben) erledigt wurde, kaufte man auch dieses Schulrecht um 300 Gulden gemäß dem Ratsschlusse vom 23. November 1797 der Witwe ab, freilich nachdem sich schon alle Kinder aus der Schule verloren hatten. Die Schule durfte bei ihrer Wiedereröffnung als eine ganz neue angesehen werden. Mit der Ausarbeitung eines Lehrplans für die hier zu begründende Musterschule betraute das Konsistorium aber den Magister Klitscher, Lehrer am Gymnasium, der sich erbot, in den wichtigsten Fächern 6 Stunden wöchentlich unentgeltlich zu erteilen.

Mit diesem ersten Oberlehrer der Musterschule müssen wir uns nun zunächst näher bekannt machen.

Friedrich Vertraugott Klitscher wurde den 19. Januar 1772 zu Karolath in dem schlesischen Regierungsbezirke Liegnitz geboren als Sohn des dortigen Organisten Georg Friedrich Klitscher. Über seine Schulbildung und seine Jugendzeit überhaupt bis zum Besuche der Universität ist nichts bekannt. Am 27. Mai 1791 aber wurde er als Studiosus der Theologie in das Album der Universität Halle eingetragen. Er besuchte dieselbe vier Jahre lang und erwarb sich die besondere Gunst des Professors und Doktors der Theologie Johann August Nösselt, unter dessen Dekanat ihm am 12. Dezember 1795 ein außerordentlich empfehlendes Zeugnis über sein vierjähriges Universitätsstudium ausgestellt ist. Nicht nur seltener Lerneifer, sondern auch die Rechtschaffenheit und Aufrichtigkeit seines Charakters und die Reinheit seiner Sitten werden in dem etwas überschwenglichen Latein gerühmt, wie man es allerdings noch jetzt in Doktordiplomen findet. Noch im Jahre 1795 trat Klitscher als Lehrer in das Haus des Herrn Franz Gontard zu Frankfurt, aus dem er später in gleicher Eigenschaft in das Haus des Kaufmanns Hahn am Markte überging.

Entweder durch unmittelbare Empfehlung Nösselts oder in seiner Eigenschaft als Senior des Prediger-Ministeriums und Konsistorial-Rat hatte Hufnagel den Kandidaten Klitscher kennen und schätzen gelernt. Dieser schien ihm der rechte Mann, um die Ausführung seiner Verbesserungspläne für das deutsche Schulwesen Frankfurts anzubahnen. Als der Schulhalter Chelius zum Rechnenschreiber befördert worden, und man wegen gar zu grober Unwissenheit der betreffenden Vikare keinen Ersatz finden konnte, auch Frau Chelius keine Lust zeigte, die Schule, der sie während des Meßzeiten allerdings schon vorzustehen gepflegt, unter ihrer Verantwortlichkeit fortzuführen und nun die Schule einzugehen drohte, ohne daß zugleich das Schulrecht der Familie Chelius erloschen wäre, kaufte der Rat auf Empfehlung des Konsistoriums im Spätherbst 1797 die Schule gegen die übliche Ergötzlichkeit von 300 Gulden an sich und verlieh dieselbe auch auf Vorschlag des Konsistoriums an Klitscher, zunächst wohl nur als Vikar. Es war das jener erste schon erwähnte Anlauf, das deutsche Schulwesen auf die Stadt zu bringen. Gern hätte man alle 16 Schulen aufgekauft, aber dem stand nicht allein der dazu nötige Aufwand von 16 mal 300, also 4800 Gulden, entgegen, sondern das jedenfalls nicht allen feile Schildrecht der deutschen Schulhalter. Selbst um zu diesem müßigen Beschlusse des Ankaufs einer Schule und des allmählichen Fortgehens auf diesem Wege zu gelangen, war erst eine vorgängige Konferenz zwischen dem schon mehrfach erwähnten Konsistorial-Direktor Maximilian von Günderrode, einem Deputierten der Einundfünfziger und einem Deputierten der Neuner nötig gewesen. Im Januar 1798 befürwortete dann Hufnagel unter Beibringung jenes günstigen Zeugnisses und privater Mitteilungen Nösselts die definitive Anstellung Klitschers, natürlich ohne Gehalt. Er hatte den jungen Mann, der sich überdies fortwährend Rat bei dem Senior holte und ihm seine pädagogischen Anschauungen mitteilte, in der Schulthätigkeit beobachtet und empfehlenswert gefunden.

Der Anschein sprach nicht für Klitscher. Die schon vor seinem Eintritt als Lehrer der Chelius'schen Schule herabgesunkene Schülerzahl nahm noch mehr ab; die Eltern klagten über »die neue Lehr- und Lernweise« und es fehlte nicht an Spötteleien, wahrscheinlich auch nicht aus dem Kreise der Amtsgenossen, denen der jugendliche Neuerer teils lästig, teils lächerlich war. Kein Wunder übrigens, wenn es so kam bei dem Widerstande, den schon das Mosche'sche »Neueste ABC-Buch« hervorrief. Hier handelte es sich um mehr. Klitscher suchte seinem nach Nösselt oft nur zu hohen Eifer gemäß[37]) die Bürgerschule aus ihren einfachen Bahnen herauszureißen und in dieselbe Diätetik, Erfahrungsseelenlehre, Moral, Naturgeschichte und Technologie einzuführen. Kein Wunder aber auch, daß es nicht lange ging. Klitscher litt so schon bisweilen an Mutlosigkeit und verzagte leicht an sich selbst, wie schwer mußte es ihm nun werden, auszuhalten, wenn auch Hufnagel, den er fast täglich besuchte, es nicht an Rat und Aufmunterung fehlen ließ. Endlich, da er mit aller Mühe und Arbeit schlechterdings seinen Unterhalt nicht verdienen konnte, gab er nach kurzer Amtsführung den Versuch auf.[38]) Dennoch hatte er sich am 1. August 1798 mit Johanna Maria von Bihl verheiratet, die aber schon am 27. Februar 1800 nach der Geburt eines Sohnes starb. Hufnagel und das Konsistorium ließen ihn nach dem verunglückten Versuche nicht fallen. Als bald darauf die sechste Klasse am Gymnasium erledigt wurde, übertrug man dieselbe Klitscher, und »es zeigten sich auch in dieser Lehrerstelle sein Eifer, sein Erzieherblick und seine Lehrerfahrungen unvergleichlich.«

Nach allen Seiten erzieherisch thätig, wurde Klitscher in eine Angelegenheit verwickelt, die eine zeitlang große Aufregung hervorbrachte. Noch als deutscher Schulhalter hatte er in Sachsenhausen eine Lesebibliothek gegründet, deren Mitglieder gegen einen monatlichen Beitrag von 30 Kreuzern Schriften moralischen und pädagogischen Inhalts entleihen konnten. Es werden genannt Gellert, Jerusalem, Salzmann, Feddersen, Resewitz, Bahrdt, und von den Gegnern dieser Aufklärungsbestrebungen Vuluntär, was offenbar Voltaire heißen soll, übrigens eine nicht ganz wahrscheinliche Angabe. Außerdem enthielt diese Bibliothek populäre naturwissenschaftliche Werke, welche jenem Standpunkte des reflektierenden optimistischen Deismus angehörten, der die Aufklärungsperiode des vorigen Jahrhunderts z. gr. Th. beherrschte. Nun gehörten Mitglieder dieses Lesevereins zu den sogenannten Sachsenhauser Klubbisten, welche einen lebhaften und erbitterten politisch-religiösen Streit in Sachsenhausen hervorriefen. Im Frühjahr 1799 brach dieser Streit zwischen den »Rechtgläubigen« und den »Freigeistern« aus, welche von ihren Gegnern in einem selbst auf den Straßen und in den Wirtshäusern gesungenen Liede als Klubbisten bezeichnet wurden. Hatte man doch das Schauspiel der Mainzer Klubbisten nahe genug gehabt. So wenig sich im allgemeinen die Frankfurter durch französische Lockungen gewinnen ließen, gährte es doch seit 1796, seit der zweiten Anwesenheit der Franzosen, in den Köpfen einiger Sachsenhäuser. Als »Hauptmächer« werden der Gärtner Matthes Rumpeler und der Wagenspanner Jakob Seipp genannt. Jener vertrat allem Anschein nach mehr die politische, dieser die religiöse Seite der Bewegung. Rumpeler wird beschuldigt, die Franzosen 1796 bei ihrem Einzuge in Frankfurt mit Mützenschwenken und Vivatrufen als langersehnte Freunde begrüßt und auch weiterhin für jeden Sieg der Franzosen seine Sympathie bewiesen zu haben.

---

[37]) Brief an Hufnagel vom 30. September 1797.
[38]) Die Zeit läßt sich nicht genau feststellen. Hufnagel spricht einmal von wenigen, ein andermal von 6 Monaten, und doch wird Klitscher in einem Konsistorialbeschluß vom 11. April 1799 noch Schulhalter genannt; allerdings ist auch Klitschers definitive Anstellung erst im Juli 1798 erfolgt.

Überdies habe er nebst mehreren anderen höchst verächtlich vom Kaiser, den Fürsten und aller Obrigkeit, selbst von den Frankfurter Senatoren gesprochen. Sie hätten sogar gelegentlich alle Obrigkeit für unnötig erklärt. Jakob Seipp seinerseits, früher ein frommer Mann, »bis ihm die hochgebietende Obrigkeit Brot durch den Wagenspannerdienst gegeben, und er sich dann auf den Müßiggang und das Lesen schlechter Bücher gelegt,« soll nicht nur über Katechismus, Taufe, Abendmahl, Unsterblichkeit, sondern auch über Christus, Gott und Dreieinigkeit sich höchst frech ausgelassen und von einer Zeit ohne Gott, Kirche und Schwarzröcke gesprochen haben. Namentlich beim Apfelwein kam es zum Streit, zu Schimpfreden, Drohungen, Schlägereien, aber auch Prozesse wurden anhängig gemacht, die Fischerinnung schloß selbst einige Personen vom Recht im Main zu fischen aus. Die »Freigeister« dagegen behaupten, nur Bildung gesucht zu haben, was bei dem schlechten Zustande des Schulwesens in Sachsenhausen zum Wohle ihrer Kinder um so nötiger sei. Die andere Partei bestehe z. T. aus rohen, der Völlerei ergebenen Menschen, die mit Beleidigungen und Thätlichkeiten angefangen hätten, so daß sie selbst sich genötigt gesehen, sich abzusondern und nur unter einander zu verkehren. Offenbar übertrieben gaben die »Rechtgläubigen« die Zahl der Klubbisten auf 1900 bis 2300 Personen an, viele noch unreife junge Menschen und sogar 200 Juden darunter. Das Konsistorium, dem zunächst als dem Erben des alten Centamtes die höhere Sittenzucht und die Überwachung des religiösen Lebens zukam, wurde der Sache nicht Herr. Es beschloß, Klitschers Lesebibliothek unvermutet einzusehen, schärfte den Predigern in Sachsenhausen Festhalten an der reinen Lehre ein, aber die Vermahnung an die vor das Konsistorium geladenen und auch dort erschienenen Parteiführer hatte wenig Erfolg. Besser gelang es dem besonnenen Eingreifen des jüngeren Bürgermeisters, Dr. K i n g e n h e i m e r, den Frieden herzustellen, indem er sich an »den in all' den schlimmen Zeiten bewährten guten Sinn der Sachsenhäuser« wandte. Beide Parteien gaben nach. Auch die »Freigeister« nahmen für sich christliche Gesinnung in Anspruch; nur in unbewachten Augenblicken könnten sie sich vielleicht zu unbesonnenen Äußerungen haben hinreißen lassen. Das Friedensprotokoll wurde von den Hauptvertretern beider Parteien unterzeichnet und am 21. August 1799 fand in Sachsenhausen eine allgemeine Jubelfeier statt. »Greise, Männer und Weiber, Kinder und Gesinde, alles nahm daran teil. Alle Wirtshäuser waren voll fröhlicher Menschen, die sich wieder mit einander aussöhnten, einander alle Beleidigungen herzlich vergaben und in Zukunft einträchtig und brüderlich mit einander zu leben versprachen.« Am Sonntage darauf war feierlicher Gottesdienst mit bezüglichen Predigten am Vor- und Nachmittage, ein Te Deum unter dem Schall der vom Kriegszeugamte überlassenen Pauken und Trompeten schloß die Feier. Das Kastenamt verzichtete auf die Einnahme aus dem Klingelbeutel, welche den Hausarmen beider Sachsenhäuser Quartiere gespendet wurden. Prozesse wurden zurückgenommen, die von der Mainfischerei Ausgeschlossenen fanden wieder Aufnahme. Es bedurfte wohl kaum noch der ernsteren Anordnungen und daß zuverlässige Männer als Wächter der öffentlichen Ordnung in Sachsenhausen bestellt wurden. Mit anerkennswerter Geschicklichkeit hatte der Bürgermeister den Sturm gestillt, der leicht durch ängstliche und mißtrauische Behandlung zu größerer Kraft hätte angeregt werden können. Klitscher hatte derselbe nur leise gestreift. Das Konsistorium hat ihn offenbar bei dem unvermuteten Einblick in die Lesebibliothek nicht wesentlich schuldig gefunden; denn kurz nachher muß jene Anstellung am Gymnasium erfolgt sein, die schon vorher erwähnt ist. In dem Kingenheimer'schen Protokoll wird seiner überhaupt nicht Erwähnung gethan.

---

*) Stadt-Archiv Uglb. E 98 No. 17.

Das Jahr 1800 rief Klitscher zu einem schriftstellerischen Versuche auf. Im Zusammenhange mit der geplanten Wohlthätigkeitsanstalt hatte die Unionsloge zu Ehren ihres Meisters vom Stuhl Konstantin Fellner in dessen Abwesenheit einen Preis ausgeschrieben für eine Arbeit über die zweckmäßigste Einrichtung der projektierten Erziehungsanstalt auf Grund einer vorgelegten Skizze. Da warf auch Klitscher, allerdings gebunden durch jene Skizze, in letzter Stunde mit fliegender Feder eine Arbeit aufs Papier, die er auch einreichte. Nach einer für ihn charakteristischen, ganz und gar aus dem philanthropischen Geiste der Zeit geschöpften, verhältnismäßig langen Einleitung kommt er zu den zwei festen Punkten: Die zu versorgenden Kinder müssen erzogen werden von Mitgliedern jener wohlthätigen Anstalt und sie müssen Unterricht erhalten in einer der schon bestehenden besseren Schulen des Orts. Eine solche bessere Erziehungsanstalt, ist er überzeugt, werde einer Stadt nicht lange mehr fehlen, in welcher ein Mann wie Hufnagel, auf den er, ohne ihn zu nennen, deutlich hinweist, auf die Einrichtungen zur Jugenderziehung entscheidenden Einfluß habe. Die Arbeit selbst enthält nur allgemeine Andeutungen über Einteilung einer derartigen Anstalt nach Altersstufen und Unterrichtsgegenständen. Die Erziehung soll zunächst eine allgemeine sein ohne Rücksicht auf den späteren Beruf, auch für Knaben und Mädchen dieselbe. Naturbeschreibung, Physiologie und Psychologie, Technologie, Gemeinfaßliches aus der Naturlehre, Chemie, Erd- und Himmelskunde, Moral und zu ihrer Unterstützung Religion, deutsche Grammatik und Stilübungen, auch Rhetorik, Form- und Zahlenlehre, d. h. Zeichnen und Meßkunst nebst Arithmetik sollen gelehrt werden. Man sieht, es fehlt nicht an Gerichten auf dieser Tafel. Erst wenn jeder die jedem Menschen anständige Bildung in der allgemeinen Schule erhalten hat, soll er in eine besondere Bildungsweise eintreten dürfen. Dabei scheint Klitscher zunächst noch eine Zeit lang nur die Zweiteilung von Studierenden und Nichtstudierenden und erst in einem späteren Termine eine weitere Sonderung auf beiden Seiten nach einzelnen Hauptfächern im Sinne zu haben. Kein Wunder, daß diese von warmer Begeisterung für Menschenerziehung durchwehte, aber praktisch wenig faßbare Arbeit den Preis nicht erhielt, welcher vielmehr dem Lehrer am Pädagogium zu Gießen, F. K. Rumpf zuteil wurde. Im Anfange des Jahres 1803 erging nun jener Ruf zur Organisation einer Musterschule an Klitscher, dem die Universität Erlangen, wohl nicht ohne Hufnagels Einfluß, die Magisterwürde verliehen hatte.

Er erbot sich, wie schon gesagt, zur unentgeltlichen Übernahme von 6 wöchentlichen Stunden in den wichtigsten Fächern, indem er den verlangten Plan überreichte. Zu Mithelfern wurde Köhlein,[49]) Lehrer am Waisenhause, und Klitschers Beihelfer am Gymnasium in der sechsten Klasse, der ehemalige Gymnasiast Diehl bestimmt. Das eingehende Schulgeld sollte zur Entschädigung beider Mitlehrer dienen. Diehl hatte schon früher eine Unterstützung erhalten aus den Zinsen von 2000 Gulden, welche Hufnagel aus Einnahmen von dem Verkauf seiner Säcularpredigt zu Unterrichtszwecken bestimmt hatte. Er hatte nämlich durch besonderen Unterricht der jüngsten Gymnasiasten unter Klitschers Leitung sich praktisch für das Lehrfach ausbilden sollen. Dieses Kapital wurde nun auch den Zwecken der Musterschule gewidmet. Als Unterrichtszimmer diente zunächst die Geiler'sche Schulstube in der Rothkreuzgasse, welche anfangs auch vollständig ausreichte.

Nach dem im Anhange abgedruckten ersten Schülerverzeichnisse begann die Anstalt bei einem Schulgelde von jährlich 15 Gulden allem Anscheine nach am 18. April 1803, welcher

---

[49]) Vergl. über diesen vorzüglichen Menschen und Lehrer Joh. Friedrich Köhleins Leben, Charakter und Verdienste von G. A. Gruner in der Einladungschrift der Musterschule von 1809.

Tag also als Geburtstag der Musterschule in Anspruch zu nehmen ist, mit 7 Knaben und 2 Mädchen. Unter ersteren war ein Sohn des Ratsherrn Markus Schmidt aus Sachsenhausen und Klitschers eigener dreijähriger Knabe, unter letzteren eine Tochter des Konrektors Mosche vom Gymnasium. Bis zum Schluß des Jahres waren schon 30 Knaben und 7 Mädchen in der Anstalt, unter ihnen auch einige jüdische Kinder,[41]) ein Beweis für den ungewöhnlich toleranten Sinn dieser unter ganz besonderer Obhut des Konsistoriums stehenden Anstalt. So wurde ihr denn auch am 26. Januar 1804 jener polnische Waisenknabe Moses Weintraub von den Begründern des Frankfurter Philanthropins übergeben, den Mayer Amschel Rothschild von einer Reise gegen Ende des Jahres 1803 aus Marburg mit hierher gebracht und der Fürsorge Siegmund Geisenheimer's anvertraut hatte. Er war der erste Zögling des Philanthropins für arme jüdische Kinder, welches infolge dieses Anlasses gegründet wurde.[42]) Bis Juli 1804 trat eine verhältnismäßig große Zahl jüdischer Kinder ein. Die Schülerzahl stieg überhaupt schnell, so daß im ersten Schülerverzeichnisse vom Juli 1804 bereits 82 Knaben und 30 Mädchen aufgeführt werden. Es war aber auch schon im August des Jahres 1803 eine außerordentlich günstige Verbesserung eingetreten. Statt der bisherigen namentlich bei Sonnenhitze zu kleinen Zimmern war der Nollische, später Loderhosische Garten in der Großen Friedbergerstraße mit dazugehörigen Sälen und Zimmern ermietet worden. Während sonst bei den Schulen von Gärten und freiem Aufenthaltsraum zu Spiel und Erholung nicht die Rede war, hatte man nun einen großen mit Bäumen bepflanzten Schulgarten zur Verfügung.[43]) Hier konnte auch Klitscher wenigstens freie Wohnung erhalten.

Die Sache stand indes immer noch auf schwachen Füßen. Die Lehrgehilfen wurden auch nach Ablauf des ersten Jahres nur auf monatliche Kündigung angenommen, gaben offenbar immer nur wenige Stunden und wechselten schnell; denn von den 17 in Hufnagels Schrift von der Notwendigkeit guter Erziehungsanstalten und von Beginn unserer Musterschule 1804 aufgezählten sind 1806 nur noch 6 vorhanden, dazu 4 neue. Die Lehrerinnen weiblicher Handarbeiten sind beide Male nicht genannt. Mehr als 10 Lehrer waren wohl kaum zu gleicher Zeit thätig. Der Eintritt der Schüler geschah zu jeder Zeit und ließ eine feste Einteilung des Unterrichtsstoffs nicht zu. Auch fehlte es an den nötigen Unterrichtsmitteln; Klitscher half zunächst in seiner uneigennützigen Weise mit Lesetafeln, Landkarten und anderen erforderlichen Gerätschaften aus. Als Lehrgegenstände nennt Hufnagel in jener erwähnten Schrift: Zeichnen, Sprechübungen, Buchstabieren im Buche und aus dem Kopfe, Lesen, Singen, Kenntnis der geschriebenen Buchstaben, Schönschreiben, Rechnen, Sittenlehre, Religion, Geschichte der Natur und des Menschen, deutsche Sprache, Orthographie, Stilübungen, Geographie, Geometrie, französische Sprache. Für die Mädchen kommen hinzu, nicht allgemein verbindlich gegen ein besonderes jährliches Schulgeld von 1 Gulden, weibliche Handarbeiten.

Eine nähere Einsicht in den Gang des Unterrichts gewinnen wir nicht, doch erfahren wir, daß er stufenmäßig in 4 Ordnungen nach naturgemäßem Gange aufsteigt. Auffallend ist bei dem ersten geschriebenen Stundenplan Klitschers die Anführung von christlicher und israelitischer Religion, wahrscheinlich ist damit biblische Geschichte des Neuen und des Alten Testaments gemeint. Sonst bewegt sich der moralisch-religiöse Unterricht durch eine z. T. fromm

---

[41]) Vergl Verzeichnis im Anhang No. 13, 24, 28 der Knaben, No. 5 und 8 der Mädchen.

[42]) Vergl. Dr. Herm. Bärwald, Einladungsschrift der Real- und Volksschule der israelitischen Gemeinde zu Frankfurt a. M.

[43]) Siehe den von L. Hahn gezeichneten Plan in der Einladungsschrift der Musterschule von 1865.

reflektierende Gesundheits- und Seelenlehre, welche sich wieder teilweise auf populäre naturwissenschaftliche Kenntnisse gründet, von des Menschen Verstand und Vernunft hinauf zu »einem ändern nicht zu erreichenden würdigen Begriffe von Gott.« Durch Unterhaltungen über Campe's Seelenlehre für Kinder gelangt man zu dem moralischen Elementarwerke Salzmanns, »das durch Erzählungen lehrt von den Schicksalen besserer und schlechterer Menschen,« bis man an der Hand »des einsichtsvollen Christuslehrers und innigen Freundes alles Guten (Hufnagel) in Anlehnung an dessen Katechisationen und Konfirmationsbuch« zu Christus selbst geführt wird, »nicht durch eitlen Zank um Geheimnis oder Satzung Gott zu nahen, sondern durch Liebe, welche als des endlos Liebenden Ausfluß uns Vertrauen und Glauben schaffte zum Heil des gesendeten Helfers, der sein Wort mit dem Tode versiegelte.« Das fromme Gefühl sollte auch durch Spaziergänge geweckt werden, »wo man mit tiefem Erstaunen und ehrfurchtsvoller Bewunderung mit eigenen Augen erkennt die Wunder unseres liebevollsten, weisesten und mächtigsten Freundes.« Zugleich sollten diese Spaziergänge zur Stärkung der Gesundheit selbst im Winter und zur naturwissenschaftlichen Belehrung dienen. Für gewöhnlich war an 4 Wochentagen die Stunde von 4 bis 5 Uhr Nachmittags zum Spiel und zu körperlichen Übungen im Schulgarten unter Aufsicht der Lehrer bestimmt.

Die Bibel suchte Klitscher, da er dieselbe zunächst noch als Lesebuch benutzen mußte, durch sorgfältige Auswahl der Abschnitte vor Entweihung zu schützen; als erstes Lesebuch gebrauchte er offenbar das Neueste ABC-Buch, welches in den deutschen Schulen auf so großen Widerstand stieß. Die schriftliche Buchstabiermethode wurde nach Heinicke's Vorgang verbannt; auf Rechnen und Schönschreiben legte Klitscher großen Wert, er selbst schreibt eine klare, für einen Mann allerdings fast zu zierliche Handschrift. »Faßliche, geistvolle und herzerhebende« Gesänge wurden nach vorausgegangener Erklärung auswendig gelernt und auch gesungen. Diese Lieder waren in der Liedersammlung für Schulen von Klitscher (Frankfurt a. M. Varrentrapp & Werner 1804 und 1811) zusammengestellt; die im Anhang mitgeteilte Übersicht über die erste Prüfung in der Musterschule giebt eine Probe derselben. Die Faßlichkeit wird ihnen niemand abstreiten, aber man sucht darin vergeblich den mächtigen Geist Luthers, den innigen Paul Gerhardts und jener besseren Sänger unserer Kirche, ebenso den volleren Strom der Dichtung, der doch damals unserem Volke wieder eröffnet war. Dennoch erbauten sich tüchtige Männer und ausgezeichnete Frauen daran. Sie atmet den Geist des allerdings nur im Entwurf vorliegenden Mosche'schen Lesebuchs, das dem ABC-Buch folgen sollte.

Die Zucht in der Klitscher'schen Schule wollte natürlich nichts wissen von den »Erziehungsmitteln, wie sie allenfalls Abrichter von Hunden und Pferdezurichter benutzen dürfen.« Er will dem Gange der Natur folgend voll von Liebe und Hingebung willigen Gehorsam erzielen. Von jener süßlichen, belohnungssüchtigen Spielerei Basedow's hält er sich frei, aber »den allmächtigen Ehrtrieb,« der im Wetteifer einer öffentlichen Anstalt wirkt, verschmäht er nicht. Gesetze, unter seiner Genehmigung von den größeren Schülern entworfen, sollen alle binden, und er verspricht sich bei so vorbereiteter Gemeinschaft, aus die rohen unziehbaren sich bald aussondern würden, große Wirkung von mäßigen Mitteln, von Androhung eines Striches in der Schulliste und gar Erinnerung an jenes Buch, in welches künftighin das allgemeine, durch Stimmenmehrheit der Zurückgebliebenen festgesetzte und vom Lehrer bestätigte Urteil über den abgehenden Schüler zum immerwährenden Andenken aufgeschrieben wird.**) Ja, solche Mittel haben nach seiner Darstellung unter seiner Leitung bereits früher große Wirkungen

---

**) Leider habe ich ein solches Buch nicht auffinden können.

hervorgebracht. In der That scheinen in jener Zeit auf dem moralisch reflektierenden Wege, von vorzüglichen Persönlichkeiten ausgehend, die ganz von ihrer Aufgabe und von Liebe zum Zögling durchdrungen waren, größere Wirkungen erreicht worden zu sein, als wir uns jetzt irgendwie davon versprechen dürften. Ob übrigens diese Darstellungen, die meist Klitschers Schrift vom Juli 1804 entnommen sind: Einige Worte aus früherer Zeit über Einrichtung einer Bürgerschule u. s. w., welche er zum Besten der Musterschule (von ihm Bürgerschule genannt) drucken ließ, und deren zweiter Teil jene früher nicht gekrönte Preisschrift enthält, ob diese Darstellungen dem damals erreichten Zustande der Musterschule ganz entsprechen, muß dahingestellt bleiben. Jedenfalls verlief die erste am 12. und 13. Juli 1804 in Gegenwart des ganzen Konsistoriums abgehaltene öffentliche Prüfung [45]) zu größter Befriedigung desselben, namentlich des Konsistorialdirektors und des Seniors Hufnagel, wie mehrere Berichte an das Konsistorium darthun. Freilich müssen diese Berichte zugleich auch als Verteidigung Klitschers auftreten, der sich einmal früher in augenblicklicher leidenschaftlicher Übereilung habe hinreißen lassen, seine eigenen Grundsätze in Beobachtung sittlicher Strenge unbefolgt zu lassen, der aber auch diesen Fehler nicht nur mit voller, gegen sich schonungsloser Aufrichtigkeit bekannt habe, sondern auch mit allen Kräften zu sühnen bemüht gewesen sei. Dadurch habe er sich denn auch trotz der stets bereiten Schadenfreude, die gerade Männern von wahrem Verdienst besondern auflauere, den Beifall und das volle Zutrauen des Publikums erworben und gesichert, so daß nach der Prüfung gleich 20 Anmeldungen von neuen Schülern erfolgt seien.

Das Konsistorium sucht nun darauf hinzuwirken, daß die Stellung des Oberlehrers und seiner Mitlehrer, überhaupt der ganze Bestand der unter so günstigen Aussichten für ihre innere Entwicklung eröffneten neuen Bürgerschule gesichert werde durch Vermehrung des Schulfonds und Festsetzung eines Gehaltes für die Lehrer, wie am Gymnasium, wenn auch nicht in gleichem Betrage. [46]) Die Unionsloge, die israelitische Gemeinde waren mit Sammlung einer Summe zu Erziehungszwecken vorausgegangen; so beantragte jetzt das Konsistorium nach schon früher gegebener Anregung die Sammlung einer Bürgerspende und suchte um die Erlaubnis nach, daß in den Predigten beim Ernte- und Dankgottesdienste Hinweis darauf gestattet werde. Beides genehmigte im Oktober 1804 der Rat, jedoch unter der ausdrücklichen Bestimmung, daß die Schule Musterschule genannt werde, im Hinblick auf die später weiter zu führende Reform des deutschen Schulwesens. Der für die Errichtung guter öffentlicher Schulen unermüdlich thätige Hufnagel gab auf ausdrückliche Veranlassung und im Namen des Konsistoriums jene schon erwähnte Schrift heraus: Von der Notwendigkeit guter Erziehungsanstalten u. s. w., um so dem Eindrucke seiner in der Katharinenkirche zu haltenden Erntedankfestpredigt vorzuarbeiten. Diese Predigt wurde dann auch zum Besten der Musterschule gedruckt, sie handelte über die Verbindlichkeit, Gott für seinen Erntesegen mit Beiträgen zur Förderung dessen, was uns und andern unentbehrlich ist, zu danken. In jener Schrift wird schon Gruner, der spätere Oberlehrer der Musterschule, wegen seiner Briefe aus Burgdorf über Pestalozzis Methode und Anstalt anerkennend erwähnt. Hufnagel ahnte noch nicht, wie bald jener ihm nahe sein werde. Die Sammlung der Bürgerspende begann jedoch erst um die Mitte des nächsten Jahres.

Gegen Hufnagels Rat hatte der unruhig strebende Klitscher seine sichere Stellung am Gymnasium aufgegeben. Sie hatte sich nicht vertragen mit den mannigfaltigen Arbeiten,

---

[45]) S. Anhang.
[46]) Der Rektor des Gymnasiums erhielt 1500 Gulden baren Gehalt.

die ihn beschäftigten, den Plänen für die Musterschule, mit Vorträgen am Sonntag Vormittag in Versammlungen seiner Freunde und erwachsener Schüler, endlich auch mit dem Plane von dreimal in der Woche zu haltenden etwa dreistündigen Abendvorlesungen, »erfüllt von der Sehnsucht, immer mehr äußere Reizmittel zu eigener Ausbildung zu erhalten und dem Zauber erfreulicher Hoffnnng, das wenige Gute, das in ihn gelegt wurde, werde zum Wohl des Menschengeschlechts doch etwas wirken.« Der Plan ist äußerst umfassend und konnte wohl nicht ohne Hilfe Anderer ausgeführt werden. Kühner giebt in der Einladungsschrift der Musterschule von 1865 als solche Helfer an: Matthiä, Mosche, Grotefend und Sömmering; Klitscher nennt in einem Plane für die Vorträge, der mir vorgelegen, niemand. Als Gegenstände der Vorträge erscheinen griechische, römische, deutsche, französische und englische Literatur, namentlich in kulturhistorischer Hinsicht, Lektüre ausgewählter englischer und französischer Stücke, Pflege deutscher Grammatik und Rhetorik, poetische Versuche, Geschichte, Erdbeschreibung, Naturlehre, Chemie, Diätetik, Physiologie, Psychologie, Moral- und Religionslehre, Theorie der Musik und Übung im Zeichnen. Eine Einteilung in gewisse Kurse soll den Jünglingen und Jungfrauen in ihrer Vorbereitungszeit auf Staatsamt und Hauswesen den Stoff allmählich zugänglich machen. Ob der z. Z. sehr schwunghaft gehaltene Plan später in bestimmter Form erschien, weiß ich nicht, (Kirchner giebt einen etwas abweichenden Plan an), ebensowenig, ob derselbe überhaupt zur Ausführung kam. Günderrode soll ihn mit gerechtem Mißtrauen als ein Mittel Verbildung zu verbreiten angesehn haben.

Aber auch damit begnügte sich der unruhige Bildungs- und Wirkenstrieb Klitschers nicht. Schon bald nach dem glänzenden Erfolge der ersten öffentlichen Prüfung in der Musterschule suchte er, im September 1804, in zwei Schreiben an das Konsistorium die Erlaubnis nach, eine Erziehungs- und Unterrichtsanstalt zu gründen, an die sich womöglich auch ein Pensionat anschließen sollte. Menschenbildung ist sein Ziel, mit der Sorge für körperliche Pflege und Kräftigung, Bildung des Verstandes und des sittlichen Willens. Die Unterrichtsgegenstände sind Deutsch, Französisch, Englisch, Naturkunde, Erdbeschreibung und Geschichte, Mathematik, Sitten- und Glaubenslehre, Musik und Zeichnen. Daß er sein Amt an der Musterschule dabei ungestört fortführen könne, wagt er nicht zu versprechen, jedenfalls will er nicht zerstören oder auch nur in Gefahr bringen, was die gütige Vorsehung über seine Erwartung segnete. Er werde daher Lokal und Preis so regeln, daß die aufblühende Staatsanstalt in keiner Weise gefährdet werde.

So zeigte sich denn der letzte Schritt unvermeidlich, Klitscher nahm »in einer Art Seelenkrankheit, die bald auf dies, bald auf das verfiel,«[7]) seinen Abschied von der Musterschule und erhielt denselben auch, nachdem Hufnagel vergeblich versucht hatte, ihn von seinem Entlassungsgesuche abzubringen. Am 22. Januar 1805 muß er gemäß Hufnagels Mitteilung an das Konsistorium sein Amt bereits niedergelegt haben, somit führte er die Anstalt nicht, wie er versprochen, bis zu seines Nachfolgers Gruner Amtsantritt. Daraus mag denn auch Hufnagels Verstimmung gegen ihn sich erklären, welche sich darin zeigt, daß er bei Gruners Einführung der Thätigkeit Klitschers nicht mit einem einzigen Worte gedenkt.

Daß die Privaterziehungsanstalt Klitschers wirklich ins Leben trat, ist nicht wahrscheinlich, doch blieb er, in zweiter Ehe mit Katharina März von Eppstein im Taunus verheiratet, noch bis 1806 in Frankfurt, dann wurde er bei dem preußischen Regimente von Voß als Feldprediger angestellt, war während des Krieges mit Napoleon erst bei dem Generalgouvernement in Glatz, später bei der zur Regulierung der Schulden niedergesetzten Kommission

---

[7]) Hufnagel an Gruner den 17. Dezember 1804.

ebendaselbst angestellt, bis er sich am 4. Dezember 1809 zugleich mit seiner Frau bei Glatz in der Neiße ertränkte. Anfangs scheint er auch seinen 9jährigen Sohn mit in dieses Schicksal haben hineinziehen zu wollen. So weit ging sein Überdruß am Leben. Frau Belli-Gontard, in deren väterlichem Hause er, wie wir früher erwähnten, Lehrer war, sucht den Grund zu seinem unruhigen, unglücklichen Wesen darin, daß er die Menschen nicht nehmen konnte, wie sie sind, sondern wie sie sein wollten. Fügen wir hinzu, er gehörte zu den in ringenden Übergangszeiten nicht seltenen bedeutenden Naturen, welche von lebhaftem, aber nicht klarem Bildungseifer und Streben nach Wirksamkeit beseelt, nicht die resignierende Charakterkraft besitzen, Schritt für Schritt auf mühsam erobertem Wege fortzuschreiten, sondern bald dieses, bald jenes beginnen und es in Momenten der Verzagtheit wieder fallen lassen, welche bald nach der ersten, nicht unmittelbar erfüllten begeisterten Hoffnung eintreten. Diese Erscheinung wiederholt sich so lange, bis sie endlich an jeder bedeutenderen Wirkung und wohl gar am Leben selbst verzagen, das sie dann zuletzt als ein wertloses Gut von sich werfen. Doch wir ergehen uns hier nur in psychologischen Vermutungen, für die uns jeder bestimmte Anhalt fehlt.

Jedenfalls hat die Musterschule sein Andenken zu ehren. Klitscher ist der Gründer der Anstalt, der erste, welcher den Mut hatte, sich mit dieser, unter den damaligen Umständen gewiß nicht leichten Aufgabe und einem Unternehmen von höchst zweifelhaftem Erfolge zu befassen.

Ein Glück war es aber, daß sich durch Hufnagels Umsicht jetzt ein Mann fand, der mit der vollen Begeisterung eines Jüngers Pestalozzis bei dem jugendlichen Alter von 27 Jahren doch schon reiche pädagogische Erfahrungen gesammelt hatte und bereit war, das von Klitscher aufgegebene Werk zu übernehmen. Es war Gottlieb Anton Gruner, damals Vorsteher einer Erziehungs- und Unterrichtsanstalt in Heilbronn.

Nicht glänzend waren die Anerbietungen, die man ihm machen konnte, denn außer freier Wohnung vermochte man ihm nur 400 Gulden zuzusichern, neben welchem Betrage man ihm allerdings einen verhältnismäßigen Anteil am Schulgeld in Aussicht stellte. Die Freundschaft zu Hufnagel, der ihn zuerst bei einer nicht näher festzustellenden Gelegenheit kennen gelernt und dann seine 1804 veröffentlichten Briefe aus Burgdorf über Pestalozzi u. s. w. mit großem Beifall aufgenommen hatte, diese Freundschaft und das ihm von da entgegengebrachte Vertrauen veranlaßten ihn namentlich, dem Rufe an die durch Klitschers Abgang erledigte Stelle zu folgen, indem er seine Erziehungsanstalt in Heilbronn aufgab.

Gottlieb Anton Gruner war am 18. März 1778 zu Koburg geboren als Sohn des Herzoglich Sachsen-Koburg-Saalfeldischen Hofrats und Geheimen Sekretärs August Friedrich Gruner. Er besuchte das Gymnasium Casimirianum zu Koburg seit seinem 13. Jahre, wobei er sich die Zufriedenheit aller seiner Lehrer erwarb. Nur bei einem verlor er dieselbe zuletzt dadurch, daß er anderthalb Jahre vor seinem Abgange zur Universität die öffentlichen lateinischen Stunden nicht mehr besuchte, um sich statt des bisher fast allein getriebenen Lateins auch auf Mathematik, Geschichte, Geographie, Griechisch und Hebräisch zu legen.

Seinen Vater, der ihm den Erzieherberuf besonders warm empfohlen hatte, verlor er früh, mit desto größerer Liebe schloß er sich an seine Mutter an. Durch Unterweisung jüngerer Geschwister hatte er sich schon seit seinem 15. Lebensjahre im elementaren Unterrichten geübt, später auch einzelnen zurückgebliebenen Mitschülern im Lateinischen fortgeholfen. 1798 bezog er die Universität Göttingen, wo er sich theologischen Studien widmete unter Leitung von Eichhorn, Plank und Ammon, philosophischen unter Bouterweck und Buhle. Mit Bouterweck blieb er in besonders lebhaftem Zusammenhange, auch als er im Herbst 1799 nach Jena überging und dort bei Griesbach und Paulus theologische, bei Christian Gottfried Schulz philologische, bei Batsch und Loder, mit welchem letzteren Goethe wissenschaftlich und gesellschaftlich viel verkehrte, naturwissenschaftliche Vorlesungen hörte und Fichte persönlich und aus seinen Schriften kennen lernte. Seine Lektüre war mannichfaltig. Die Pädagogik vertrat Campes Revisionswerk und Niemeyer, die Poesie Klopstock, Lessing, Wieland, der ihm in »Musarion« als Tugendmörder, in »Agathon« bewunderungswürdig erschien, Jean Pauls Campanerthal, Hölty u. s. w. Von Goethe und Schiller hören wir nichts. In der Philosophie studierte er zwar auch Kant und Fichte, aber blieb Bouterweck treu, in dessen Apodiktik sein Herz mehr Genüge fand, da er jenseits der Erkenntnis noch ein Gebiet des Glaubens bedurfte. Der Kern seines Lebens war religiös, ohne dogmatisch zu sein, nach dem Charakter des damaligen frommen Rationalismus immer im Hinblick auf die Moral. Er vernachlässigte auch die theologische Fortbildung nicht, aber seine genußreichsten Stunden waren diejenigen, in welchen er selbst Religionsunterricht erteilte. Seinem religiös-moralischen Hange gemäß stiftete er auch unter seinen Studiengenossen eine Gesellschaft für praktische Moral, in welcher er selbst als Redner auftrat. Im Herbst 1800 verließ er die Universität und bereitete sich bei seiner Mutter auf das theologische Examen vor. Mit einer schriftlich abgefaßten Rechenschaft schloß er seine Studienzeit. Bouterweck, bekennt er, habe ihn zur Selbständigkeit eigener Überzeugung vorbereitet; er fühle sich nun kräftig genug, sein eigener Ratgeber zu sein. Seinem religiösen Nachdenken verdanke er Wärme, Festigkeit und Kraft, und sein Wesen scheine ihm ein harmonisches Ganze zu werden. Wir sehen in der That damals schon die Grundzüge seines Wesens fest ausgeprägt.

Im Frühjahr 1801 erhielt er durch Trapp, jenen wissenschaftlichen Vertreter des Philanthropismus, einen Ruf als Lehrer eines jungen Grafen St. in das Haus des dänischen Staatsministers Grafen von Bernstorf in Kopenhagen einzutreten. Unterwegs besuchte er Salzmann, Gutsmuths, Campe und Trapp selbst, der damals in Wolfenbüttel lebte. Bei dem letzteren verweilte er längere Zeit und lernte »seine Biederkeit wie sein methodisches Verdienst« gleich sehr verehren. Im gräflich Bernstorf'schen Hause fand er, trotz allen guten Willens desselben im Charakter des Knaben, wie im Drängen und Treiben des größeren Lebens, mehr Schwierigkeiten, als er erwartet hatte. Zwar fehlte es in Kopenhagen nicht an mannichfacher Gelegenheit zu weiterer pädagogischer Ausbildung im Verkehr mit Professor Sander, einem Mitarbeiter Basedows, mit Christiani, dessen Erziehungsanstalt er fleißig besuchte, und im Nachtegall'schen Institute, in dem er die Gymnastik nächst Schnepfenthal am weitesten gefördert fand, aber als er nun auch das Klima nicht vertragen konnte, und sein Koburger Hausarzt für seine immer zarte Gesundheit Entfernung von Kopenhagen verlangte, nahm er 1802 seinen Abschied aus dem Bernstorf'schen Hause, ohne daß jedoch das Vertrauen des Grafen zu ihm geschmälert wurde. Obgleich der Philanthropismus seine Anregung zum nicht geringen Teil von Rousseau erhalten hat, wendete man sich doch damals auf deutschem Boden jener Rousseau'schen Einzelerziehung wesentlich ab und gründete Erziehungsanstalten, in denen man auch vornehmerer Jugend eine einfachere und naturgemäßere Erziehung zu geben suchte. So schlug auch Gruner dem Grafen Bernstorf vor, seinen jungen Zögling der Anstalt Salzmanns zu Schnepfenthal anzuvertrauen. Er begleitete ihn dorthin und blieb selbst drei Monate als mitarbeitender Gast dort, »um den würdigen Salzmann und seine Colonie der Unschuld näher kennen zu lernen.« Auch seine Rückreise von Kopenhagen hatte übrigens Gruner zur Erweiterung seiner pädagogischen Erfahrungen benutzt. In Kiel hatte er das Schullehrer-Seminar besucht, eine jener damals noch seltenen Anstalten zur Lehrerausbildung, die Taubstummen-Anstalt und die Freischule, in Hamburg das Erziehungsinstitut für Mädchen von Karoline Rudolphi.

Jetzt sollte aber Gruner in Pestalozzi eine neue Offenbarung über das Wesen der

Erziehung und die Methode derselben aufgehen. Jener merkwürdige Mann, in dem Fichte in seiner neunten Rede an das deutsche Volk, wie in Luther, die Grundzüge des deutschen Gemütes verkörpert sieht, dessen Erfindung, in ihrer ganzen Ausdehnung genommen, nach ihm wohl das Vermögen hätte, den Völkern und dem ganzen Menschengeschlechte aus der Tiefe seines damaligen (1808) Elends emporzuhelfen, hatte 1799 endlich zu Burgdorf, bereits dreiundfünfzig Jahre alt, einen Platz gefunden, diejenigen Ideen zu verwirklichen, welche er 1781 in seinem trefflichen Volksbuche »Lienhardt und Gertrud« zum ergreifenden Ausdruck gebracht hatte: die Idee der Charaktererhebung von innen her und der geistigen Ausbildung aus deutlichen, nicht nur auf äußerer, sondern auf innerer Anschauung ruhenden Elementarvorstellungen. Getrieben von »einer unversiegbaren, allmächtigen Liebe zum armen, verwahrlosten Volke,« hatte er 1798 jene unglücklichen Waisen des katholischen Landvolkes in Unterwalden, nach dessen erfolgloser, mit Gewalt niedergeschlagener Erhebung gegen die Franzosen, um sich gesammelt in einem halb zertrümmerten Ursulinerinnenkloster zu Stanz, wo er in schlechtem, engem, ungesundem Zimmer, von Morgen bis Abend, als Diener, Lehrer, Vater und Mutter der verwahrlosten Kinder jene Mittel der Erziehung fand und übte, die ihn zum Reformator des deutschen Unterrichtswesens gemacht haben. Es ist nicht unsere Aufgabe, sein Leben weiter zu verfolgen während der baldigen, durch Kriegsnot erzwungenen Auflösung dieser Anstalt, der Thätigkeit als Unterlehrer in Burgdorf bis zum Einzuge in das Schloß daselbst mit seinem Freunde und Genossen Krüsi. Jene mit ihm zusammen dort errichtete Erziehungsanstalt war es aber, welche Gruner aus einem Gegner des Pestalozzi'schen Systems, das er bisher nur aus Büchern kannte, zum begeisterten Jünger und Apostel Pestalozzis machte. Es ist kein Wunder, daß Pestalozzis unbehülfliche Schrift: »Wie Gertrud ihre Kinder lehrt,« vom Jahre 1801, nicht dazu beigetragen hatte, Gruners Vorurteil zu beseitigen, das jetzt alsbald der gegenwärtigen Anschauung wich, die auf einmal das dort unklar Entwickelte zum deutlichsten Verständnis brachte.

Gruner reiste über Nürnberg nach der Schweiz. In jener Stadt hatte er Pöhlmann, »den deutschen Pestalozzi,« wie ihn Hufnagel nennt, und dessen Erziehungsanstalt kennen gelernt und kam nun mit dem Hauptzweck, seine Gesundheit herzustellen, aber mit dem Nebenzwecke, Pestalozzi zu widerlegen, nach Burgdorf. Seine Briefe von dort, zuerst 1804, dann um vier vermehrt in 2. Auflage 1806 erschienen, legen Zeugnis ab, wie von einer reinen empfänglichen Seele die Thätigkeit Pestalozzis aufgenommen wurde und in ihr begeisternd weiter wirkte. Er ließ sich die Mühe nicht verdrießen, durch fleißiges Zuhören und Studium die Grundsätze der Erziehung und Unterweisung sich zu vollständig klarem Verständnis zu bringen. Noch jetzt sind die im Buchhandel verschwundenen Briefe höchst lesenswert und führen uns außer der Methode auch die Persönlichkeit Pestalozzis und seiner Gehilfen Tobler, Buß, Niederer, Muralt, Jeury, Barraud, Hopf und Nänny, den Gruner später nach Heilbronn und dann nach Frankfurt zu sich berief, in hie und da vielleicht idealisierten, aber in nicht unwahren Zügen vor. Einen verhängnisvollen Irrtum brachte er freilich von dort mit, daß er zu sehr von der ursprünglichen menschlichen Güte überzeugt, wie Pestalozzi, glaubte: »eine Erziehungsanstalt nach Pestalozzis Methode, in der nur das Gesetz, nie der Eigennutz, nur der gute freie Wille, nie der Zwang herrscht, und von der üble Einflüsse ferngehalten werden, muß einen so kräftigen Geist hervorbringen, daß, wenn er erst da ist, selbst verdorbene Kinder von ihm ergriffen und zur Besserung genötigt werden.« So schreibt er noch 1809 in Bezug auf Pestalozzis Anstalt zu Ifferten, die ihm ein Beweis für die Richtigkeit dieses Glaubens ist,[*]) und doch verließ er nicht viel später

---

[*]) Vorschläge zu einer Errichtung des Waisenhauses zu Frankfurt a. M., eingereicht an Geh. Rat von Günderrode und Bürgermeister von Humbracht.

in einer Art von Verzweiflung die ihm zur Leitung übertragene Anstalt, freilich eben weil er in derselben nicht gegen den »schlechten Zeitgeist« aufzukommen vermochte. Eine Anschauung über die ursprüngliche Güte der menschlichen Natur, welche nicht in die finstere Tiefe des Bösen hineinzuschauen vermag und die nun in dem immer vergeblichen Kampf gegen äussere schlimme Einflüsse scheitert, wird leicht an der Aufgabe, der sie gegenübersteht, irre. Nicht bloß Entwickelung des im Menschen liegenden Guten und Pflege der geistigen Keime bedarf die Erziehung und Unterweisung, sondern auch Gegenwirkung gegen das von innen her kommende Böse und den Irrtum, überhaupt aber muß sie sich in dem zusammengesetzten Organismus unseres Gemeinschaftslebens ihrer beschränkten Wirkung bewußt sein und zäh festhaltend an ihrem Ideale nicht verzweifeln, wenn es ihr geht, wie jenem Säemanne des Gleichnisses. Wer mit einer unfehlbaren Erziehungs- und Unterrichtsmethode nicht zum Ziele kommt, der muß entweder die Erziehung wegen der anderweit einwirkenden Einflüsse wenigstens an der bestimmten Stelle für unmöglich halten oder an sich selbst verzweifeln.

Doch zurück zu jener Zeit. Auch das Waisenhaus zu Bern und das Waisenhaus zu Stuttgart besuchte Gruner, ließ sich darauf in Heilbronn nieder, wo er zuerst seine Briefe aus Burgdorf redigierte und dann eine kleine Erziehungsanstalt errichtete, selbst den Beruf des Erziehers wieder praktisch zu üben und seine neuen Erfahrungen zu verwerten. Es geschah das 1804. Anfangs unterrichtete er 2 Mädchenklassen täglich je 2 Stunden, eröffnete aber dann auch auf Wunsch mehrerer Eltern eine Elementarschule für Kinder zarteren Alters, die von Nänny, der vorher als Lehrer zu Burgdorf erwähnt wurde, ganz nach der Pestalozzischen Methode unterwiesen werden sollten. Den 15. Juni 1804 erhielt er nach vorausgegangener pädagogischer Prüfung durch das Kurfürstlich Würtembergische Oberkonsistorium die Erlaubnis zur Errichtung einer Privaterziehungsanstalt, über deren bereits gemachten ersten Anfang er am 8. Juli das gebildete Publikum zu Heilbronn unterrichtete.

Aus dieser Thätigkeit rief ihn ein Brief Hufnagels vom 17. Dezember 1804 wiederum ab, der wie gesagt schon auf frühere Bekanntschaft deutet, wenn auch Hufnagel neuerdings erst wieder durch die Briefe aus Burgdorf auf ihn aufmerksam gemacht worden war, die er höchst günstig im Frankfurter Journal beurteilte.[4]) »Da mir Ihr Bild vor Augen schwebt, bester Gruner, so habe ich die Hoffnung, daß auch noch eins von mir in Ihrer Seele vorhanden ist,« schreibt er und dann bittet er ihn, die von Klitscher verlassene »gute Anstalt« fortzuführen; ein vortrefflicher Wirkungskreis erwarte ihn hier. Gruner kommt selbst im Januar 1805 und nimmt von hier aus am 1. Februar in einem öffentlichen Anschreiben Abschied von den verehrungswerten Eltern seiner lieben Lehrlinge, um dann nach kurzer Weiterführung seiner Heilbronner Anstalt Ende Februar in Frankfurt einzutreffen. Am 4. März 1805 führte ihn Hufnagel in sein neues Amt ein und stellte ihn dem Lehrerkollegium und der Schuljugend vor. Am Tage vorher hatte Gruner seiner Mutter in einem sehr befriedigten Briefe Auskunft über die Schule gegeben, an der 14 Lehrer außer ihm arbeiteten, und in welche 40 neue Schulkinder aufgenommen seien. Hufnagel und Günderrode zeigten ihm volles Vertrauen und ließen ihm freie Hand in der Schule. Schon in Heilbronn (19. Februar 1805) hatte Gruner seine Gedanken über die Einrichtung einer guten Bürgerschule niedergeschrieben, die nun verbunden mit Hufnagels Einführungsworten: »Von der Kraft des Beispiels Jesu zur Bildung der Kinder. Herzliche Worte in der Musterschule bei der Vorstellung ihres Oberlehrers Anton Gruner« u. s. w. im Druck erschienen.[5]) Unterrichtet werden soll in: Religions- und Tugendlehre, die recht deutlich

---

[4]) Auch in der früher erwähnten Schrift Hufnagels ist Gruners mehrfach höchst anerkennend gedacht.
[5]) Kurzgefaßtes Resultat meines Nachdenkens über die Einrichtung einer guten Bürgerschule.

gemacht wird durch Blicke in die Seelenlehre und durch Belehrung über die Wunder der göttlichen Allmacht und Weisheit, die uns am nächsten liegen in der Natur der Erde, unseren Körpern und des gestirnten Himmels; Anschauungslehre in den Verhältnissen der Zahlen und Maße, womöglich Geometrie zum Behufe des künftigen Künstlers und Handwerkers; Kenntniß der unserem Wirkungskreise zunächst liegenden Natur, der vaterländischen Erdbeschreibung und Geschichte, dabei möglichste Kultur des Schönen. Lesen, Schreiben, Zeichnen, Singen, für Mädchen weibliche Handarbeiten, für Knaben körperliche Übungen, vervollständigen das Bild. In dem ausgeführten Stundenplane tritt auch das Französische in den oberen Klassen auf mit 2 wöchentlichen Stunden. Die Methode soll diejenige Pestalozzis sein, denn auf dieser hohen Methode beruht alles Heil des Unterrichts. Aus dem Füllhorn der Pestalozzi'schen Erfindung hofft er in seinem Wirkungskreise einen Segen verbreiten zu helfen, der sonst durch nichts zu erhalten ist. Auch in der Schulzucht soll nach dem Ideale der Zucht in dem Pestalozzi'schen Institute gestrebt werden. Belohnung und Strafe sollen hauptsächlich im Gewissen liegen. Nur ganz ausnahmsweise sollen sinnliche Belohnungen und Strafen benutzt werden, welche die Ehrliebe reizen oder ihr wehe thun. Punkte und Striche, Belohnungs- und Belehrungsbillets in gesteigerten Formen. Das schmeckt nach gemäßigtem Philanthropismus. Wir finden dann auch jene Andachts- und Prüfungsstunden, die Gruner bei Pestalozzi kennengelernt hatte und von denen er im 19. Briefe aus Burgdorf berichtet, wie Pestalozzi in ihnen auf seine Zöglinge moralisch wirkte und dabei durch das Studium des jugendlichen Herzens einen festen lückenlosen Gang der moralischen Anschauung für die Bildung des Herzens zu erforschen und zu begründen suchte.

Jene für das Schulwesen unermüdlich thätigen Männer, Hufnagel und Günderrode namentlich, schritten rüstig auf ihrem Wege fort. Der Ankauf des gemieteten Loderhosischen Hauses wurde noch im März 1805 eingeleitet und im Dezember des Jahres zustande gebracht durch Zeichnung eines auf dasselbe hypothekarisch einzutragenden Kapitals von 26 250 Gulden, bei welcher der Hofrat Simon Moritz von Bethmann mit 6000 Gulden an erster Stelle, aber auch Hufnagel mit 1000 Gulden eingetragen ist, und von denen nachher 17 000 Gulden wirklich auf das Gebäude eigetragen wurden, nachdem verschiedene der Unterzeichner ihren Beitrag geschenkt hatten.

Aber der Schulfonds von 26 986 Gulden, dem nun durch die vierprozentige Verzinsung dieses Kapitals eine neue Last erwuchs, reichte zur Besoldung des Oberlehrers und der übrigen fest anzustellenden Lehrer nicht aus. Das Schulgeld, für das Kind 15 Gulden, trug auch bei etwa 150 Kindern noch nicht 3000 Gulden ein und hieraus waren verschiedene Hilfskräfte zu besolden. Es mußten neue Hilfsquellen eröffnet werden; an den Säckel der Stadt durfte man sich nicht wenden, die Zeiten erlaubten es nicht, oder der Sinn war dafür noch nicht geöffnet; so wurden im April 1805 Listen mit der Unterschrift des Konsistoriums angefertigt, um in den 14 Quartieren der Stadt wohlthätige Beiträge zu sammeln, »von welchen ein Bürger-Kapital zusammengebracht werden soll, unserer Stadt Bestes durch Vervollkommnung einer Bildungsanstalt oder Musterschule und durch Anlage von mehreren zu befördern.« In einer angedruckten Nachricht wurde auf Hufnagels früher erwähnte Einladungsschrift: »Von der Notwendigkeit guter Erziehungsanstalten« u. s. w., auf die Ernte- und Dankpredigt desselben vom 4. November 1804, endlich auf Gruners Aufsatz über die Einrichtung einer guten Bürgerschule hingewiesen und die Einsetzung einer eigenen Deputation zum Empfang der wohlthätigen Beiträge zum Bürgerkapital für die öffentliche Erziehung versprochen. Es war nicht ganz leicht, die nötige Zahl von Sammlern zu finden, aber es unterzogen sich dann auch angesehene

Personen, wie Pfarrer Benkard, Joh. Friedr. Schmid, Konstantin Fellner, Simon Moritz von Bethmann und andere dem mühseligen Sammelgeschäfte, das durch eine Bekanntmachung des Konsistoriums vom 15. Juli vorbereitet war. Das Konsistorium faßte die von Hufnagel schon im vergangenen Jahre weitläufiger entwickelten Punkte zusammen, wies darauf hin, daß eigentlich keine neue Schule errichtet, sondern nur die alte (Geilerische) verbessert, daß bei der sonst ungeänderten übrigen Schulordnung niemand gefährdet werde, daß aber aus dem glücklichen Fortgang dieser Experimentalschule nichts als Segen für die übrigen Schulen hervorgehen könne, zumal die Musterschule zugleich eine Pflanzschule guter Schullehrer werden solle. Aber es fehlte nicht an Schwierigkeiten. Günderrode klagt über die »heillosen sogenannten Frömmlinge«; die deutschen Schulmeister, welche, wie wir sahen, auf das Uffenbachische Vermächtnis spekuliert hatten, legten natürlich allerlei Hindernisse in den Weg, und wären alle Listen mit derselben naiven Genauigkeit geführt, wie diejenige des 2. und des 11. Quartiers, so würden wir noch viel häufiger lesen: will nichts geben, kann nichts geben, will abwarten und dergl. mehr, oder auch was jetzt nur einmal verzeichnet ist: giebt nichts, wenn nicht in jedem Quartier eine gute Schule errichtet wird. Mit der höchsten Gabe ist wieder Simon Moritz von Bethmann eingezeichnet: 4000 Gulden gleich und 200 jährlich auf 10 Jahre, aber auch von Glauburg und das Kronstädter Stift sind mit 400 Gulden für je 10 Jahre, die Frauensteiner adelige Gesellschaft ist mit 300 Gulden auf 10 Jahre eingezeichnet. Hufnagel und Günderrode fehlen nicht. Auch die deutsch-reformierte Gemeinde gab 700 Gulden, die französisch-reformierte 500. Im ganzen kamen etwa 12 000 Gulden einmaliger Gabe und 4000 für je 10 Jahre ein. Gruners hoffnungsvolle Stimmung erhielt durch »die nicht ergiebig ausgefallenen Sammlungen und durch die vielen Feinde der Anstalt,« die man bei der Gelegenheit kennen gelernt, einen Stoß, wie aus einem Briefe an seine Mutter vom 16. August 1805 hervorgeht. Er erwähnt auch, daß Pestalozzi ihn eingeladen, zu ihm zu kommen, da er von den Hindernissen der Anstalt gehört habe. Mit Pestalozzi stand Gruner nämlich seit seinem Aufenthalte in Burgdorf und der Veröffentlichung jener Briefe aus Burgdorf in wahrer Freundschaftsbeziehung, so daß ihn derselbe in einem Briefe vom 13. Dezember 1805, in dem er die Hoffnung ausspricht, seine Methode werde durch immer größere Einfachheit ihrer Mittel auch endlich die Einführung in die Schulen ermöglichen, auf's herzlichste begrüsst. »Freund,« ruft er ihm zu, »ich bin Dir Dank schuldig und unser Verhältnis wird bis an mein Grab so enge und so warm bleiben, als es jetzt ist.«

Durch diese Sammlungen war wenigstens der Schule ihr Fortbestand in dem vor Abschluß des Jahres 1805 fest erworbenen Loderhoesischen Hause gesichert, in welchem dann auch bald für den Direktor eine günstigere Wohnung hergestellt wurde.[51]) Auch die Kriegsereignisse, welche die Besetzung Frankfurts durch Augereau am 18. Januar 1806 und die Brandschatzung der Stadt um 4 Millionen Franken herbeiführten, und die Günderrode wieder einmal in vaterstädtischem Interesse nach Paris riefen, auch der Zusammensturz des alten heiligen römischen Reiches deutscher Nation, gingen an der Schule ohne wesentlichen Nachteil vorüber, sie setzte ihre mühevolle, stille Arbeit fort. Am 20. November 1806 legte Günderrode als Direktor Konsistori und Vorsitzender der Ökonomischen Deputation öffentlich Rechenschaft ab über das bisher Geschehene, über die Sammlung in den 14 Quartieren, den Erkauf des Schulgebäudes, die darauf geliehenen Kapitalien und dazu gegebenen Geschenke u. s. w. Wir sehen aus diesem Berichte, daß die Anstellung der Lehrer, wie sämmtliche Gegenstände der Schuldisziplin

---

[51]) Über die Gebäulichkeiten, wie auch in Bezug auf manches andere, müssen wir auf die von Direktor Kühner verfaßte Einladungsschrift der Musterschule von 1865 verweisen.

und allen, was das Pädagogische betrifft, ausschließlich der Verwaltung des Konsistoriums vorbehalten blieb, daß der Konsistorialdirektor den Vorsitz der ökonomischen Deputation übernahm, deren Sitzungen in geeigneten Fällen auf Ersuchen auch der Senior Ministerii und der zum Referenten bestellte Konsistorialrat Dr. Pregel und der Oberlehrer der Musterschule beiwohnen sollten. Das Amt des Kassierers hatte für erste der Hofrat und Konsul von Bethmann übernommen, der auch hier wieder seinen lebhaften Anteil an der Sache bethätigte, aus dessen Händen dann dieses Amt der Handelsmann Joh. Friedr. Schmid, der Sammler im 4. Quartier, übernahm. In der beigegebenen »Beschreibung des gegenwärtigen Zustandes der Musterschule« u. s. w. spricht sich Gruner folgendermaßen aus: »Durch den Unterricht die Kinder vorzubereiten und tüchtig zu machen zum künftigen Guteswirken und — was noch mehr ist — in ihnen die Liebe zum Guten, den Willen für dasselbe zu beleben, das ist der Zweck unserer Schule. Sie nimmt Knaben und Mädchen auf, am liebsten im zarten, noch nicht mißgeleiteten Alter von 6 Jahren, und verspricht, dieselben bis zum Ablauf des 14. oder 15. Jahres zu ihrer Bestimmung völlig vorzubereiten und so weit zu führen, als die Jugend in der Schule geführt werden kann und soll.«

»Die Anstalt teilt sich also in eine Knaben- und eine Töchterschule. Jene ist für alle Knaben bestimmt, welche sich dem Handel, den Künsten, den Handwerken widmen, und nicht auf dem Wege der klassischen Literatur zur wissenschaftlichen Bildung gelangen sollen. Alle Knaben also, welche in dem oben bestimmten Alter aus der Schule entlassen werden, sind dem Zwecke derselben gemäß — (vorausgesetzt, daß es ihnen weder an gesunder Anlage noch an Fleiß gefehlt hat) — so vorbereitet, daß sie auf Handelscomptoirs nicht nur mit Fortgang unterrichtet, sondern auch mit Vorteil gebraucht werden können, oder daß sie — wenn sie sich einer Kunst oder einem Handwerke widmen, darin etwas Ausgezeichnetes zu leisten im Stande sind.«

»Was die Mädchen betrifft, so verspricht die Schule, daß unter den vorhin bemerkten Voraussetzungen, ihre Schülerinnen wohl noch früher als die Knaben zu ihrer Bestimmung so vorbereitet seien, daß sie die meisten Pflichten derselben schon auszuüben und dadurch von selbst in denselben vollendet zu werden im Stande sind.«

»Sie werden zu diesem Ende mit beständiger Rücksicht auf diese Pflichten,« auf die Eigentümlichkeiten des weiblichen Gemütes und ihre Bestimmung in der Religions- und Tugendlehre, im Kenntnisunterrichte, in der deutschen und französischen Sprache, in weiblichen Handarbeiten unterwiesen, und es darf wohl hier bemerkt werden, daß die Musterschule bei jeder Gelegenheit auf das hinarbeitet, worauf die Hoffnung einer glücklichen Generation so sehr beruht, daß die Anzal guter Mütter und die Mutterstelle vertretender weiblicher Wesen — größer werde. Deswegen wird bei jeder Gelegenheit die Pflicht des Weibes, liebend und pflegend mit kleinen Kindern umzugehen und zugleich die naturgemäße Art der Behandlung und des Unterrichts derselben ins Licht gesetzt, so daß wir hoffen unsere Schülerinnen werden, noch als solche, geneigt und geschickt sein, Lehrerinnen ihrer kleineren Geschwister zu werden.«

Unter den Unterrichtsgegenständen steht obenan die Religions- und Tugendlehre, auf die Seelenlehre, besonders aber auf die Regungen und Aussprüche des Gewissens gebaut. Dem zarteren Alter wird sie in Beispielen und Erzählungen aus der Kinderwelt, den Reiferen in Grundsätzen gelehrt.

»Um das Herz um so sicherer zu finden, werden bei dem Unterrichte in der Religion nur diejenigen Wahrheiten ausführlich dargestellt, welche uns durch das Herz gegeben sind, und die also bei bei allen Lehrlingen wohlthätig auf das Leben, Gutsein und Besserwerden wirken, in welchem äußeren christlichen Religionsbekenntnisse sie auch übrigens geboren und erzogen sind. Die Unterweisung in den Glaubenslehren, worin die kirchlichen Konfessionen sich unterscheiden, kann, darf, muß die Musterschule den Religionslehrern jeder Konfession überlassen.« Nach diesem Grundsatze ist noch lange verfahren worden, es wurde zwar 1807 Religionsgeschichte aufgenommen, aber 1810 wieder betont, daß eine Schule, die allen ohne Unterschied des Religionsbekenntnisses offen stehen soll, keinen individuellen positiven Glauben zu geben hat, aber auch nichts, was nur religiöser Glaube heißen kann und was irgend einmal einem frommen Herzen in irgend einer Hinsicht heilig sein mag, anzugreifen, wankend zu machen oder zu zerstören. Alte Schüler aus den frühesten Zeiten der Musterschule haben dem Unterzeichneten gegenüber noch mit Begeisterung diesen Zug des Religionsunterrichtes und der wöchentlichen Prüfungs- und Andachtsstunden gerühmt, der für Christen, Juden und Mohamedaner in gleicher Weise erbaulich gewesen sei. Es waren das natürlich Personen, deren Anschauung selbst in jenem rationell getärbten Deismus wurzelte. Auf dieser Grundlage steht auch Gruners Tugend- und Glaubenslehre (1808, 2. Aufl. 1817) und so führte auch Seel, Gruners Nachfolger, die Schule fort, indem er den Unterricht in der Moral für sie in Anspruch nahm, den eigentlichen Religionsunterricht in Privatstunden verweisen wollte. Die Teilnahme am Religionsunterricht war natürlich obligatorisch, nicht wie man 1822 in einer Konferenz-Verhandlung annahm, um den großen Andrang der durch ihre Feste am regelmäßigen Schulbesuch gehinderten Israeliten abzuwehren, sondern weil in ihm das Fundament aller monotheistischen Anschauungen zu liegen schien. Erst am 30. Oktober 1863 wurde dieser Religionszwang aufgehoben nach dem Beispiel anderer Schulen, da auch der Religionsunterricht allmählich einen konfessionellen Charakter angenommen hatte.

Alles bloße Gedächtniswerk soll natürlich der Schule fern gehalten werden, unter sorgfältiger Katechetik sollen sich durch Frage und Antwort die Verstandsbegriffe entwickeln, das Rechnen soll sich auf mathematische Anschauung (Pestalozzi) gründen, das Lesen nähert sich dem Lautieren, gern schöbe es Gruner bis zum 8. Jahre hinaus, aber er sieht sich hier zur Fügung in das Herkommen genötigt.

In drei Klassen, ausschließlich für Knaben, zwei ausschließlich für Mädchen und einer gemischten Anfängerklasse wurden die Kinder unterrichtet. Der gemischten Anfängerklasse wurden 26 wöchentliche Stunden erteilt: Religion (2), Verstandesübung (4), Lesen (8), Schreiben (2), Elementarzeichnen (2), Rechnen (6) und Singen (2); die 3. Knabenklasse hatte 34, die 2. ebensoviel, die 1. 36 Schulstunden. Französisch wurde, von der 3. Klasse aufwärts, in je 6 wöchentlichen Stunden gelehrt, in mobilen Klassen, d. h. so, daß Schüler im Französischen in anderen Klassen sich befinden konnten als in den anderen Gegenständen. Zu den vorher aufgezählten Gegenständen kamen, allmählich aufsteigend, deutsche Sprache, Geographie, (eigentliches) Zeichnen, in der ersten Klasse auch Naturgeschichte, Naturlehre, Geometrie und deutsche Geschichte. Die Mädchen in der 2. und 1. Klasse hatten, einschließlich 14 Stunden in Handarbeiten, 44 Unterrichtsstunden. In ihrem Lektionsplane fehlt nur, im Vergleich mit dem Plane der Knaben, die Geometrie. Mit Bedauern vermißte Gruner die Möglichkeit, den Schulgarten zu einem gymnastischen Übungsplatz zu machen, wo die Kinder naturgemäß und stufenweise nach bestimmten und sicheren Regeln, und also ganz gefahrlos, das Vergnügen genießen könnten, ihre körperlichen Kräfte zu entwickeln und auszubilden. Dazu sei freilich mancher Apparat und ein eigener, wohlerfahrener, selbstgeübter Lehrer nötig. Statt dessen suchte man einstweilen die Spiele in den Spielstunden zu organisieren, ein von Nänny ausgearbeiteter Plan fand am 3. Mai 1806 die Zustimmung der Konferenz; er ist leider schon von

Direktor B a g g e nicht mehr aufgefunden worden — und es wurde danach verfahren, aber schon im August 1806 in der 22. Konferenz wurde die Schädlichkeit dieser Spiele für Leib und Geist der Kinder, da sie unmittelbar nach dem Mittagessen stattfanden, betont, und da sich namentlich wegen der französischen Stunden keine andere schickliche Zeit fand, wurden die Spielstunden ganz eingestellt. Nur im Sommer 1808 hatte W e t z e l für die mittleren und unteren Klassen regelmäßige und stufenweis »vorsichtig« geordnete körperliche Übungen während der Erholungsstunden im Schulgarten vorgenommen, während S ä n g e r etwas Ähnliches für eine Auswahl der fleißigeren und besseren Schüler durch mehrmalige Exkursionen im Sommer 1807 und 1808 geleistet hatte, wobei aber zugleich auch naturwissenschaftliche und geographische Belehrung bezweckt wurde. Gruner beklagt noch in seinem letzten Berichte an das Konsistorium diesen Mangel der Gymnastik als eigentlichen Unterrichtsfaches.[58])

Dem gleich bei der Gründung der Anstalt von Hufnagel und Günderrode ins Auge gefaßten Plane, die Musterschule zugleich zu einem Lehrerseminare auszubilden, trat Gruner zunächst mit dem Wunsche näher, es möchte die Anstalt in den Stand gesetzt werden, junge Leute, die sich zu Schulmännern und Lehrern in Frankfurt und dem dazu gehörigen Lande ausbilden wollten, vorzubereiten und vorzuüben, und so eine Pflanzschule für künftige Lehrer zu werden, die als Mitarbeiter an den Klassen der Kleinen zugleich Gelegenheit hätten, sich zu üben und der Anstalt selbst dankbar zu werden, die sie erzogen hätte. In seinem schriftlichen Berichte vom 13. März 1809 teilt er dann mit, daß sich an das Lehrerpersonal der Musterschule als Seminaristen und Unterlehrer drei Zöglinge des Waisenhauses anschließen, welche in der Musterschule zu künftigen Lehrern gebildet werden sollen. Freilich klagt er auch über die mangelhafte Vorbildung im Waisenhause und dringt auf Einrichtungen der Obrigkeit, das Waisenhaus unter Mitwirkung der Musterschule zur eigentlichen Pflanzschule künftiger Schullehrer zu erheben.

Gruner schien in Frankfurt seinen festen Wohnsitz aufschlagen zu wollen, denn er verheiratete sich schon am 4. Dezember 1805 mit Christiane Bernhardine Charlotte Lutz, der Tochter eines ritterschaftlichen Beamten bei Kanton Greichgau in Schwaben. Aber bald stellten sich allerlei Verdrießlichkeiten ein, nicht nur mit dem französischen Lehrer de Servais, der entfernt wurde, sondern auch tiefere Verstimmungen. Am 13. Mai 1808 ruft er die Lehrer zu einer Konferenz zusammen, da der in der Schule aufs neue einreißende und von Tag zu Tag sich stärker ankündigende Verfall des guten Tones eine gemeinsame Beratung notwendiger als je mache. Schon damals sieht er sich nach einem anderen Wirkungskreise um, da er in dem immer mehr luxuriös werdenden Frankfurt nicht mehr bleiben könne.

Wie ein Stoßseufzer klingt es doch auch, wenn er in der Prüfungsrede von 1808 sagt: »Die Anlagen aller Ihrer Kinder sind gut, denn sie kommen aus Gottes Hand, aber mit Recht klagen Sie über Verhältnisse, Umgebungen, Gesellschaft und Beispiele, welche auf tausendfache Weise übel auf Ihre Kinder wirken und die Führung derselben Ihnen erschweren. — — Aus diesem Grunde darf ich Ihnen nicht ernst sagen, daß es durchaus unmöglich ist, daß in einer Schule, wie die unsere ist, durch den Unterricht geleistet werde, was ein Salzmann, ein Pestalozzi in ihren Anstalten wirken. Diese Männer erschaffen sich ihre Welt, bestimmen selbst ihre Umgebung, sondern sich ab von den Menschen, so weit es ihnen gut dünkt, und halten so jede nachteilige Einwirkung von ihren Zöglingen ab.«

*) Diese Bemerkungen werden ergänzen, was O. D a n n e b e r g auf S. 7 seiner verdienstlichen Schrift über das städtische Schulturnen zu Frankfurt a. M. 1879, Separatabdruck aus der »Deutschen Turn-Zeitung« von Gruner, sagt.

Schon bei der zweiten Ausgabe der Briefe aus Burgdorf hatte er im dritten derselben bekannt, daß es ihm nicht gelungen, mit glücklichem Erfolge die Elementarmittel der Pestalozzischen Methode geltend zu machen. Es sei freilich das unendlich Vorzügliche eine Lehranstalt ganz nach Pestalozzischen Grundsätzen einzurichten, aber eine stückweise Methode schade mehr als sie nütze. Offenbar hatte er das letztere selbst erfahren müssen. So hatte er auch hierin sein Ideal nicht erreicht. Es half nichts, daß Männer wie Hufnagel und Günderrode ihm Liebe, Vertrauen und Beifall zuwendeten, nichts, daß die Kinder, namentlich Töchter, der angesehensten Familien ihm Liebe und Verehrung zeigten, daß tüchtige Lehrer neben und mit ihm arbeiteten, daß auch der Fürst Primas, an den er doch selbst am 2. Pfingsttag 1808 mit Überreichung der Einladungsschrift einen Brief voll von überschwenglicher Verehrung[55]) und größter Hoffnungen für das Unterrichtswesen geschrieben, ihn und die Musterschule 1809 seines gnädigsten Beifalls versicherte, nichts, daß seine Vorschläge zur Reorganisation des Waisenhauses, bei denen noch einmal das Vertrauen auf die ursprünglich gute Natur des Menschen und auf die Pestalozzi'sche Methode zum Ausdruck kam, in demselben Jahre von Günderrode und dem Bürgermeister von Humbracht beifällig aufgenommen werden: er fand immer weniger Befriedigung in seiner Stellung und im August 1810 reichte er seine Entlassung beim Konsistorium ein, indem er schrieb:

»Die Vorgesetzten der Musterschule haben gewollt, daß diese Anstalt dem Zeitgeiste, in wiefern derselbe dem Guten und der Religion widerstrebt, nicht dienen, sondern demselben sich widersetzen solle, und daß dieselbe durch Scheu vor dem Gesetze und durch Religion regiert werden möge. Ich habe diesem Willen meiner Oberen seit dem 4. März 1805, wo ich eingeführt ward, nach Kräften zu genügen gesucht. Es wäre mir noch meinem Charakter auch nicht möglich gewesen mein Amt in einem anderen Geiste zu führen. Ich bin überzeugt, daß in diesem Geiste unter den obwaltenden Umständen eine Schule in Frankfurt von mir nicht länger geführt werden kann.«

»Ich bin überzeugt, daß andere, ebenso gewissenhafte Menschen bei einer anderen Organisation des Geistes und Leibes die Musterschule, wie sie ist, in einem anderen, auch guten und für Frankfurt passenderen Geiste führen können.«

»Dazu kommt noch, daß ich nun einmal so organisiert bin, daß das Schweben zwischen zwei Pflichten, das Durchgreifen-Sollen und Nichtkönnen zerstörend auf meine Gesundheit wirkt und mir schon seit mehreren Wintern Brustübel zugezogen hat.«

Nehmen wir aus Gruner's Bericht vom 13. März 1809 an das Konsistorium den Abschnitt hinzu, in dem er von den Grundsätzen der Disciplin spricht und zwar Besserung in der Zucht zugiebt, aber doch von Mißverständnissen im Publikum redet und dann fortfährt als Hindernis zu betonen »jene Kraftlosigkeit, Schlaffheit und die eigensüchtige, nur auf äußeres Wohlsein und auf Erwerb gerichtete Gesinnung, welche die notwendige Folge des Mangels echter moralischer Bildung, der Üppigkeit, Vergnügungssucht und des merkantilischen Eigennutzes, ganz vorzüglich aber des immer noch sichtlichen Steigens der Prunksucht im Unterrichte und der ganzen Bildung der Kinder sind, wodurch die häusliche Erziehung und kraftlose Lehrweise sich an der aufwachsenden Generation versündigt. »Gegen diese Übel,« sagt er weiter, »ist bisher unsere Schulzucht so unmächtig gewesen wie ein Strohhalm als Hebel schwerer Lasten, und wir müssen uns bescheiden, dieselben der National-

---

[55]) Solches überschwengliche Lob Dalberg's fehlt übrigens auch nicht in den Berichten über den ökonomischen Zustand der Musterschule von 1809 an. Er wird ein Fürst genannt, der keine Aufopferung scheut, um der Menschheit das höchste Glück in dem reinen Lichte der Geistesbildung zu geben u. dergl. mehr.

Erziehung durch Staat und Kirche und der Verbesserung des gesammten Schulwesens anheimzugeben.« Mit dieser Verbesserung des gesamten Schulwesens ging nun der Fürst Primas damals lebhaft um. Am 23. Oktober 1808 war eine Oberkuratel sämtlicher Frankfurter Lehranstalten unter Gunderrode und Vogt eingesetzt, mit 3 Specialkommissionen, einer katholischen unter dem Vorsitz des Geh. Legationsrats Vogt, einer protestantischen unter Gunderrode, einer solchen für das israelitische Schulwesen unter Direktorialrat Itzstein. Es wurde viel revidiert und verfügt und in jenem Josephinisch-Napoleonischen verstandesmäßigen Geiste nur mit mehr Wohlwollen geordnet. Ja, hätte Gruner noch die Erhebung Dalbergs zum Großherzog von Frankfurt abgewartet, würde er am 1. Februar 1812 eine noch durchgreifendere Organisation des ganzen Unterrichtswesens im Großherzoglich Frankfurtischen Regierungsblatt gefunden haben unter Anerkennung der Lehrer als Staatsdiener, allgemeiner Schulpflicht und Pflicht der Gemeinden, die Schulen herzustellen und zu erhalten, dabei Schulgeldfreiheit für die Unbemittelten u. s. w. und mit einer schematischen Organisation von Realschulen, Gymnasien, Lyceen und Fakultäten. Ob er in dieser Organisation jene von innen treibende Kraft der Entwickelung, auf welche er die intellektuelle und moralische Erziehung gründen wollte, gefunden oder vermißt hätte, wir können es nicht genau sagen. Jedenfalls hatte er 1808 gehofft, den traurigen Zustand des öffentlichen Schulunterrichts in Frankfurt durch Einwirkung Dalbergs, des damaligen Fürstprimas, verschwinden zu sehen, und hatte nicht erkannt, daß die ganze Gründung des Rheinbundes, ja gerade die ganze von schönen Gedanken und von guten Absichten geschwellte Persönlichkeit Dalbergs in dem einerseits hastigen Drängen und andererseits jener von ihm selbst beklagten Schlaffheit der Zeit ihren Hintergrund hatte. Das ganze Elend Deutschlands und die Wurzellosigkeit der napoleonischen Konstruktionen in Deutschland war ihm nicht aufgegangen wie der starken Seele Fichtes, der seinen Weckruf an die deutsche Nation ertönen ließ.

Gruner selbst schreibt ein oder zwei Jahre später, er habe 1810 seine Stelle an der Musterschule aufgegeben, weil er bei einem von verschiedener Bewegung und Anstrengung erkrankten Gemüte diese Anstalt in Hinsicht auf ihren sittlichen Geist sinken gesehen, ohne die Ursachen davon, wie er wohl später gethan, ganz zu durchschauen und ohne es über sich selbst zu vermögen, die, welche er wirklich gesehen, durch ausreichende Maßregeln, die aber manchem hätten schmerzhaft sein müssen, wegzuräumen oder nur auszusprechen.

Versuche, ihn zu halten, waren begreiflicher Weise vergeblich. Das Protokollbuch über die Lehrerkonferenz erzählt unter der Überschrift: »Zur Nachricht,« den Vorgang vom 4. August 1810 an, bezeugt, daß nicht nur Gunderrode, sondern auch sämtliche Lehrer und andere Freunde der Musterschule, in Anerkennung der großen und am Tage liegenden Verdienste, welche sich Herr Gruner um die bessere Organisierung und den Flor der Musterschule als Oberlehrer derselben erworben, durch alle Mittel, die ihnen nur ihre Überzeugung und ihre Liebe zu ihm an die Hand gaben, ihn zu halten versuchten; aber vergeblich.

So wurde Gruner am 27. August 1810 entlassen [54]) und am 1. Oktober 1810 trat

---

[54]) Gruner ging von Frankfurt als Privatdozent der Theologie nach Heidelberg und erwarb sich dort in aller Form die philosophische Doktorwürde; aber auch dort fand er nicht, was er suchte, und in trüber Stimmung folgte er einem Rufe als Professor an das Gymnasium zu Koburg für Latein, Ebräisch, Religion und Geschichte, mit einem persönlich für ihn erhöhten Gehalte von 500 Gulden. Endlich fand er seinen rechten Platz als Direktor des paritätischen Lehrerseminars zu Idstein am 6. Oktober 1817 und 10½ Jahre wirkte er dort mit begeisterter Hingabe an seinen Beruf, von seinen Schülern geliebt und verehrt, auch mit katholischen Geistlichen befreundet und in herzlichem Einvernehmen mit dem Bischof Brand von Limburg.

Dr. Wilhelm Heinrich Seel als Oberlehrer ein, den er selbst im Dezember 1807 aus seiner Stelle als Prediger in Dillenburg an die Musterschule gerufen und bei seinem Abgange zur Führung der Mädchenabteilung vorgeschlagen hatte, während er die Knabenabteilung dem Kandidaten Sänger übergeben zu sehen wünschte. Das Konsistorium hielt es aber für notwendig, beide Abteilungen zusammen einer Leitung unterzuordnen.

So war auch der zweite Oberlehrer von seiner Stelle ohne Befriedigung abgetreten. Schon an mehreren Orten ist die psychologische Erklärung angedeutet, im einzelnen sehen wir nicht ganz klar.

Aber Gruner verließ die Schule in sich fest gegründet und die unter seiner Leitung gezogenen Grundlinien sind lange festgehalten. Er ist der eigentliche Organisator der Musterschule, die 5¹/₂ Jahre seiner Wirksamkeit sind von bedeutendem Erfolge gewesen.

Die Schule war 1808 zu 5 Knabenklassen und 4 Mädchenklassen herangewachsen. Die Schülerzahl stieg schnell, schon 1808 mußte der Andachtssaal durch eine für die Zeit der Prüfungen entfernbare Bretterwand geteilt werden, um 2 Klassen herzugeben; in einer Abteilung des Handarbeitunterrichtes mußten 77 Mädchen zusammen arbeiten. Genaue statistische Angaben liegen leider aus den ersten Jahren nicht vor. In seinem Berichte vom 13. März 1809 sagt Gruner, die Anstalt zähle 260 bis 270 Kinder, habe aber vor Erhöhung des Schulgeldes 300 gezählt. Das Schulgeld war zweimal, erst 1807 auf 20 Gulden, dann 1808 auf 25 Gulden erhöht worden, offenbar hatte die rückgängige Frequenzbewegung zwischen der ersten und zweiten Erhöhung des Schulgeldes stattgefunden. — Die Aufnahme neuer Schüler, welche anfangs zu jeder Zeit stattgefunden, war auf die 4 Quartale, 1. Januar u. s. w., beschränkt worden, die Zuweisung zu den Klassen, die Versetzung fester geregelt. Alle Lehrgegenstände waren systematisch durchgearbeitet, wovon der Bericht von 1809 Zeugnis ablegt, immer mit Beziehung auf die neuen Entdeckungen in Ifferten. Anfangs hatten wöchentliche Konferenzen zur Besprechung alles Nötigen stattgefunden (bis Ende 1806), dann waren dieselben auf Monatstermine eingeschränkt. Prüfungen in häufiger Wiederholung in den einzelnen Klassen sollten den Fleiß beleben und die Leistung regeln, das Schuljahr schloß 1806 noch im Dezember, von 1808 ab gegen Ende Juni mit öffentlicher Prüfung von 5tägiger Dauer. Gruner hielt dabei eine Rede, aber von dem vielfachen moralischen Redewesen der Kinder selbst aus Klitschers Zeit ist nichts mehr wahrzunehmen. Über die Lehrgegenstände, Gruners Stellung zur Gymnastik, über die Tendenz seiner Zucht ist schon früher gesprochen.

In der äußeren Existenz der Musterschule waren auch wesentliche Fortschritte gemacht. Das Loderhosische Haus war an die Musterschule abgetreten unter Vorbehalt der Staatsaufsicht und Leitung und das Uffenbach'sche Vermächtnis war am 3. Oktober 1809 auf ewige Zeiten zur Erhaltung der Musterschule geschenkt worden, anderer Geschenke und Zuweisungen nicht zu gedenken. Auch der Grund zu der jetzt zu bedeutendem Fonds herangewachsenen Witwenund Waisenkasse war gelegt zunächst durch ein Vermächtnis aus der Sparkasse der früh verstorbenen Karoline von Günderrode, der Tochter des so oft erwähnten Maximilian von Günderrode. Seel durfte demnach die Schule mit einiger Zuversicht übernehmen. Auch die Stellung der Lehrer war einigermaßen gesichert. Schon am 13. Oktober 1807 waren neben

---

Ein Augenleiden zwang ihn, am 18. März 1828 zur Amtsniederlegung. Er siedelte nach Wiesbaden über, literarisch für seine Lebensaufgabe thätig. 1832 verlor er seine Gattin, am 13. Mai 1844 starb er selbst. Zwei unverheiratete Töchter haben ihn überlebt und leben noch in Wiesbaden, ihnen danke ich manche Mitteilung. Sonst möge man über den trefflichen Mann nachlesen den Aufsatz von Johann Becker in Diesterwegs ›Rhein. Jahrbuch‹ von 1858.

dem Oberlehrer vier ordentliche Lehrer (Kühlein, Sänger, Nänny und Wetzel) angestellt. Neben ihnen gab es allerdings eine größere oder geringere Anzahl außerordentlicher Lehrer, die nach Stunden honoriert wurden. Im Januar 1811, also allerdings nach Gruner's Zeit, wurde dem Oberlehrer ein Gehalt von 1450 Gulden, außer freier Wohnung und Heizung, dem ordentlichen Lehrer ein Gehalt von 800 Gulden nebst 3 Gilbert Holz und freier Wohnung bzw. 60 Gulden bestimmt. Seminaristen (Zöglinge des Waisenhauses) erhielten wohl, wenn sie der Vollendung ihrer Bildung nahe standen, eine Unterstützung mit jährlich 300 bis 400 Gulden.

Genaueres über die Organisation der Ökonomischen Deputation, über die Stellung zum Staate, über die Lehrer u. s. w. ist bei Kuehner, Einladungsschrift von 1865, zu finden. Wir erwähnen nur noch den Schritt, mit dem die Musterschule ihre ursprüngliche Bestimmung verließ, eben eine Musterschule (zugleich Experimentier- und Probeschule) zu sein, nach welcher allmählich andere Bürgerschulen organisiert werden sollten.

Schon in der Einladungsschrift von 1812 teilt Oberlehrer Seel mit, daß die Musterschule nach dem Willen des Herrn Ober-Kurators der Schulen in dem durch das Regierungsblatt zur öffentlichen Kenntnis gebrachten Organisationsplane der Frankfurter Schulen: Volksschulen, Gymnasien, höhere Bürger- oder Realschulen, die letztere Stelle einnehmen solle. In der Einladungsschrift von 1813 wird dann ein Lehrplan für die Realschule mitgeteilt, welche aus 5 Elementarklassen und 3 Realklassen bestehen soll. Es bleibt bei einer fremden Sprache, der französischen, aber neben Naturgeschichte und Naturlehre tritt auch Anthropologie auf, die Mathematik wird ausgiebiger gepflegt und die deutsche Geschichte erweitert sich zur Welt- und Völkergeschichte. Sonst wird nicht mit den alten Ueberlieferungen gebrochen. Der Religionsunterricht soll auch ferner in seinen Anfängen an einfachen Erzählungen und Beispielen, die so viel als möglich aus der Kinderwelt genommen wurden, das moralische und religiöse Gefühl der Kinder anregen und entwickeln, dann erst werden die Erzählungen mehr aus der biblischen Geschichte genommen und zur Bestätigung des Erlernten wird ein verständlicher Bibelspruch oder ein Liedervers zum Auswendiglernen aufgegeben. In den Realklassen werden dann die Glaubens- und Sittenlehren des Christentums mit Benutzung des Gruner'schen Lehrbuches in Zusammenhange den Kindern erklärt; dazu Erlernung von Bibelsprüchen. Eine Zusammenstellung der christlichen Glaubenslehren, so daß den heranreifenden jungen Menschen einleuchtend werde, daß der Glauben an dieselben des Menschen Bedürfnis der Beseligung und Heiligung befriedige, und daß eine auf einem solchen Glauben gegründete Sittenlehre allein den Menschen zu einer reinen Tugend hinführe und zugleich die Möglichkeit ihrer Ausübung zeige, und ein Vortrag der Moral des Christentums mit Nachweisung ihrer in den Menschen Vernunft und Gewissen gegründeten Prinzipien schließt diesen Unterricht. — Man nimmt es ernst mit der Religion, aber sie erscheint wesentlich lernbar, auf eine moralisch anwendbare Erkenntnislehre gegründet. Auf der unteren Stufe wird die Aufgabe katechetisch gelöst, durch eingestreute Fragen, die Anlaß zu Bemerkungen und Urteilen geben. Der Philanthropismus nannte dies Verfahren mit Vorliebe Sokratisieren, und in der That erinnert es auch etwas an den nüchtern-hausbackenen Sokrates Xenophons. Die Andachts- und Censurstunden fehlen nicht, auch eine philantropische Verbindung zweier Zwecke, der allerdings ein Pestalozzi mit seiner ursprünglichen Persönlichkeit und aus der Fülle seiner Liebe Wärme und Wirkung einzuhauchen vermochte, so auch Salzmann. Auch Gruner mag es wohl verstanden haben; diese Einrichtung konnte aber leicht den breit reflectierenden kraftlosen Charakter jenes Klitscher'schen Liederbuchs annehmen, und oft genug mag man eine gewisse gefühlsweiche moralische Stimmung mit wahrer sittlicher Kräftigung verwechselt haben.

Die Musterschule war also mit der Erhebung zur Realschule aus dem ursprünglichen Rahmen herausgetreten und nicht mehr im Sinne ihrer Gründung Musteranstalt für alle neu zu errichtenden deutschen Schulen, sie hat aber den Namen beibehalten durch alle Formen ihrer weiteren Entwickelung, sie behält ihn auch in dem neuen Gebäude, nicht aus Anmaßung, sondern aus geschichtlichen Gründen. Wie sie unter dem alten Namen die Pflanzstätte tüchtiger Bildung für viele Männer und Frauen Frankfurts geworden ist, wie ihr weiblicher Zweig unter dem Namen Elisabethen-Schule frisch fortblüht, so wird hoffentlich auch die Knabenschule, welche den ursprünglichen Namen behält, sich fort und fort ihrer Vergangenheit nicht unwürdig zeigen.

Zum Schlusse sage ich allen denjenigen meinen Dank, welche mich durch Nachweis von Quellen und Mitteilung von Nachrichten unterstützten, so Herrn Pastor Riebel zu Karolath, Herrn Professor Hertzberg zu Halle, mit deren Hülfe ich Klitschers Geburts- und Studienzeit feststellte, Herrn Director Hopf und der Verwaltung des germanischen Museums zu Nürnberg, beiden Fräulein Gruner zu Wiesbaden, denen ich handschriftliche Notizen über ihren Vater und von demselben und die Briefe aus Burgdorf verdankte u. m. a., vor allem aber Herrn Stadtarchivar Dr. Grotefend, dessen freundliches und hülfreiches Entgegenkommen ich nicht genug rühmen kann.

Anhang I.

Teutsche Schul-Ordnung von einem Erb. Rath Anno 1591 den 2. Decemb. gegeben.

Nachdem einem Erb. Rath dieser Statt etliche Jahr hero vielfaltige Clagen vorkommen, sowol von der Vnordnung wegen, so bey den Teutschen Schulen gespüret als auch von den Schulmeistern selbsten, Ob solte Ihnen zu mehrmalen ihr wolverdienter Liedlohn vnd Schulgelt von den Schulkindern nicht allein schwerlichen entrichtet: Sondern auch ie zuweilen garnichts gegeben, vnd dargegen mit vnnützen Wortten vnd Vndaukbarkeit von vnverstendigen Eltern gelohnet worden seyn: Als hat sich Ehrngedachter ein Erb. Rath seines tragenden Ampts aus Gottes Wort vnd Befelch, daß Ihnen vermöge desselbigen wenigers nicht gebüren wöllen, dann solcher Vnordnung vnd Clägen nachfolgender massen zu begegnen.

Ordnet darauff vnd will, daß hinfüro die von Rathswegen zu den Schulen verordnete Herrn Scholarchae vnd Predicanten, iedes Jahrs so offt Sie solches noth seyn bedunckt, nicht allein die Lateinischen, sondern auch Teutsche Schulen visitiren vnd heimsuchen sollen, vnd was sich bey denselben für Mängel vnd Gebrechen rügen werden, dieselben Ihres besten verstandts vnd vermögens abschaffen, oder aber nach beschaffenheit deren, solches zuvorkommen, an Vns gelangen lassen, vnd darinnen nicht seumig seyn sollen.

Vnd soviel Erstlich die Schulmeister, nicht allein, welche die Jugendt insgemein, sondern auch die nur Costgänger in Lesen, Rechnen vnd Schreiben institutiren würden, belangen thut, sollen dieselbigen, nach dem Ihnen von einem Erb. Rath Schulen zu halten erlaubet wirdt, sich dieser Ordnung vntergeben, die anbefohlene und vertrawte Jugend mit Lesen, Schreiben vnd dazugehörigen stucken, beuorab in Catechismo, Gottseligen Psalmen, Spruchen der h. Schrifft mit allem Fleiß vben, vnd nicht, wie bißhero mit großem Schaden vnd Versäumnus der Kinder, Ihren Jungen vnd Mägden anbefehlen solche zu lehren, auch da Sie ja soviel Kinder hetten, vnd solche allein nicht institutiren könten, mehr nicht als nur einen düchtigen Jung neben sich dazu abrichten vnd gebrauchen, noch einer dem andern einen solchen Jungen abspannen bey Straff Zween Gulden. Insonderheit aber uff alle Sontage mit Ihren Schulkindern bey dem Catechismi Examine erscheinen, vnd die Jugendt, daß Sie nicht allein still vnd züchtig vber die gassen gehen, sondern sich auch ruhig vnd andächtig in der Kirchen bey dem Gebett vnd Christlicher Verhör erzeigen, mit gebürlichem Ernst angewehne. Doch sollen die erwachsene Gesellen, so zu Ihren zimblichen Jahren kommen, vnd rechnen vnd schreiben zu lernen begeren, vnter die Kinder nicht gerechnet, noch verstanden werden.

Vnd so der Liebe Gott nach seinem Willen und Wolgefallen der Herrn Schöffen, Scholarchen, Predicanten, oder der Schulmeister selbsten einen auß diesem Jamerthal zu sich abfordern würde, sollen die Schulmeister samptlich, solche Leich ehrlich begleitten, vnd zur Erden bestatten helffen, bey Straff zween batzen.

Fürs ander, die armen Jungen belangendt, welche in die Teutsche Schulen gehen, vnd Ostiatim das almusen samblen, damit denselben auch eine gewisse Maß gegeben, vnd die Bürgerschafft nicht wie bisher vnordentlich begehn, durch die Menge solcher Vmbstürtzer mit ihrem tetigen Singen vor den Heusern beschweret werden, sondern man wissen möge, welche in die Schulen gehen vnd das Almusen zu samblen würdig, vnd Ihnen erlaubt sey; So sollen hinfürtter die Schulmeister solchen ihren dürfftigen Jungen ein christlich Vrkundt oder Testimonium mittheilen, darauff verzeichnet seyn soll deß Schulmeisters, auch deß Jungen Tauf vnd Zunamen, auch wannenhero Er gebürtig, vnd daß Er deß Almusen notturftig, vnd Ihme von seinem Schulmeister dieselben einzusamblen vergünstiget worden: auch den Bettelvögten eingebunden seyn, alle Quartalversamblung solcher armen Jungen Namen uff einem Zettul von den Schulmeistern zu fordern vnd zu empfahen, sich im Fall darnach zu richten. Welcher Jung daruber vff den Gassen vor den Heusern von den Bettelvögten betretten würde, vnd vff Ihr begeren dergleichen Schein nicht fürzulegen hette, derselbig alsdann von Ihnen den Bettel-Vögten der Gebür darumb angesehen vnd abgeschafft werden sollte.

Vnd dieweil man uff die Sontäge, sowol vor als nach Mittag in der Catharinenkirchen spüret, daß den Vorsingern von den Zuhörern vnd Gemeindt, in Ihrem Gesang wenig mitgeholffen wird: Darmit dann solchem vorkommen, vnd die Jugendt vor der Christlichen Gemeindt mit dem Gesang auch gevbet werde: Als sollen hinfüro die Teutschen Schulmeister, ein ieder insonderheit, auß seinen armen doch hierzu qualificirten Schülern, zween oder drey verordnen, welche vor mittag in ermelter Kirchen, vor vnd nach der Predigt, den Vorsingern in dem Gesang, ein beystandt leysten, vnd sich dazu gebrauchen lassen sollen. Die vbrigen aber sollen alle Sontäg in denen Kirchen, da Ihre Schulmeister zu seyn vnd an dem Ort, da Sie zu sitzen pflegen, fleißig erscheinen, vnd der Predigt still vnd züchtig zuhören, vnd vnter solcher Predigt von den Bettelvögten vff der Gassen nit geduldet werden.

Letztlich vnd zum dritten, dieweil auch von der Burgerschafft Clag vber die Schulmeister vorkommen, daß dieselben ohne deß Raths Vorwissen, das Schulgelt ersteigert, vnd von einem anfahenden Schulkindt deß Jahres vber Zween gulden gefordert, auch genommen haben sollen : Damit hierinnen auch die Billigkeit getroffen, vnd (wie zu besorgen) vnachtsame heylose Eltern nicht etwa vrsach nemen, Ihre Kinder vmb solcher Ersteigerung willen gantz vnd gar von den Schulen abzuhalten, vnd also an Ihrer Wolfart bößlich versäumen : So ordnet Ehrngedachter Erb. Rath, daß die Schulmeister in gemein, von armen Handwercks Leuth oder sonsten vnvermöglicher Burgerkindern, mehr nicht, denn Jahrs einen gulden Lehrgelt nemen. In deme sich auch die Eltern dieser verordnung nicht mißbrauchen, sondern nach gelegenheit Sie der Schulmeister Fleiß bey den Kindern spuren werden, solches nach billichkeit auch erkennen, vnd zu verhuten allerhandt vortheils, so bißher von etlichen vnverstendigen vnd vndanckbaren Eltern mit früer vnd unzeitiger abhaltung ihrer Kinder vor dem gantzen Quartal, vnd schickung zu einer andern Schul, nit ohne mercklichen schaden der Schulmeister, (welches Quartal Sie Ihnen alsdann doch für voll zahlen sollen :) hieruuder gebraucht werden, auch abschneidung derwegen an Vns gelangten vielfultigen Clagen, solches vielfultigen Clagen zu iedem Quartal, daß were deß Jahrs viermal, nemblich uff Cathedra Petri, Urbani, Bartholomaei, vnd Catharinae, vngemahnet aufzurichten, vnd die Schulmeister solches lenger anstehen zu lassen, mit nichten schuldig seyn sollen. Es sollen die Schulmeister auch solches nit auffwachsen vnd vngefordert anstehen lassen, bey Straff sechs Schilling.

Was aber Geschlechter vnd anderer fürnemer Burger Kinder belangen thut, da soll den Schulmeistern von iedem Kindt deß Jahrs zween gulden, das were zu iedem Quartal ein halben gulden, zu nemen vergünstiget: Dagegen Sie auch dieselben, vnd insgemein alle Ihnen anbefohlene Kinder Ihres besten Fleißes zu vnterweissen vnd zu lehren verpflichtet seyn sollen.

Was aber Kostgänger vnd andere anlangt, welche frantzösische Sprach oder zierlich schreiben, auch rechnen zu lernen begeren, mit denen mögen Sie sich vffs best vergleichen vnd abfinden, auch solche öffentlich vber die Gassen zu führen, nicht verbunden seyn.

Es soll auch kein Schulmeister dem andern seine Schul- vnd Lehrkinder abspannen oder abwendig machen, vielweniger dieselben in seine Lehr uff vnd annemen, es hetten denn dieselben von ihrem vorigen Schulmeister ein Vrkundt vorzuzeigen, darauf zu sehen, daß Sie mit demselben gutem wissen abgescheiden seyen, bey Straff Zwölff Schilling.

Darneben dann auch dem Rectori vnd den andern Praeceptoribus classicis der Lateinischen Schul injungirt vnd anbefohlen worden, künfftig gleicher gestalt keine Jungen, so zuvor von einem Teutschen Schulmeister vnterricht worden, ohne Vorzeigung einer vrkundt von demselben, (damit zu beweisen, daß Er denselben zufrieden gestelt:) in Ihre Disciplin auff und anzunemmen.

Vnd so auff Erforderung oder Zulassung der Herrn Scholarchen, fürfallender Schulsachen wegen ein Quartalgebott gehalten wirdt, sollen sie samptlich bey Straff funff batzen zu angesetzter Stundt und Ort erscheinen, vnd daselbst was ieder anzubringen oder zu klagen, auch in gemein anzuhören, ordentlich, still vnd ohne einige Calumnien, Injurien, Schmähen und Gottslestern vorbringen vnd bescheidt daruber anhören, bey Straff, so offt einer darwider handelt, zweyer batzen.

Endtlich, weil bißhero große Vnordtnung in einforderung des Holtzgelts von den Kindern zu Winters Zeit, alldieweil man die Stuben zu wärmen pflegt, gewesen, vnd solches zu zeitten von etlichen zweymal genommen worden, damit hinfüro gleichheit vnd ordnung gehalten werde, soll ein Schulmeister hinfüro mehr nicht, als zween batzen von einem Kindt nemen, bey Straf vnd verlust zween batzen, so offt das geschehe.

Decretum in Senatu Jovis
2. Decemb. Anno 1591.
Confirmatum in Senatu Jovis
13. Augusti Anno 1601.

Freytags den 2. Decembris, Anno 1601 haben obgeschriebener Ordnung nachzukommen dem Ehrnvesten Herrn Johann Ludwig von Glau, Eltern Burgermeister die samptliche Teutsche Schulmeister angelubt, neumblich:

Valentin Dosch.	Balthasar Krybell.
Lorentz Alentz.	Joannes Pomarius.
Jonas Weiel.	Georg von Lahnen.
Valentin Koch.	Bechtoldt Lele.
Georg Keffenberger.	Cornelius de Ram.
Caspar Groß.	Michael Halbleib.
Peter Mutschier.	

Deßgleichen Maria, Philipps Grüner Haußfrauw. Anna Servatii Leonhardts
Anna Georg Schmidts Witib. Barbara M.Michaelis Schweickardts Hausfraw, hat den 25. January anno 1602 gleichergestalt angelobt.

Anhang II.

Erste öffentliche Prüfung 12. und 13. Juli 1804.

Zu dieser Prüfung lud am 9. Juli 1804 im »Intelligenzblatt« auf Verfügung des hiesigen Konsistoriums Hufnagel ein. Die Schule wird darin genannt: »Die durch die von Uffenbachische Stiftung von unsrer hochverehrten Obrigkeit errichtete unter des Herrn Magisters Klitscher als Oberlehrer stehende Schule.«

Darstellung
des Hergangs bey der ersten öffentlichen Prüfung, angestellt mit den Zöglingen der Bürgerschule am 12ten u. 13ten July (1804).

Donnerstags nachmittags macht den Anfang der Prüfung ein religiöser Gesang, genommen aus der Liedersammlung von Klitscher, Th. I, Nr. 89. Dieser wird geleitet von Karl.

Mel.: Wie schön leucht't uns etc.

1. Erfreulich sei und feierlich
Der Prüfung Tag, wo rings um mich
Sich viele Zeugen sammeln!
Er kommt, mit ihm kommt Freud und Schmerz,
Hier freut sich hoch, dort bebt ein Herz,
Wenn sich die Zeugen sammeln;
Beifall, Ehre, Lob und Liebe
Krönet heute Fleiß und Tugend:
Heil dir, wohldurchlebte Jugend!

2. Wenn ich bisher gewissenhaft
Und treu gebrauchte meine Kraft,
Nach meiner Pflicht stets lebte,
Und wenn an treuer Lehrer Hand
Mein Eifer immer unverwandt
Dem Ziel entgegenstrebte;
Werd ich da wohl stumm erröthend
Aengstlich stammelnd heute beben,
Da ich Rechenschaft soll geben?

3. Dem Trägen klopft die bange Brust,
Er fühlet Wemuth statt der Lust,
Muß Thorheit nun bereuen;
Der aber, der im regen Fleiß
Die Zeit durchlebte, erntet Preis
Und kann sich heute freuen.
Alles Gute wird belohnet
Von dem Vater unsres Lebens,
Nur der Träge hofft vergebens.

Klitscher denkt einiges über die ihm zweckmäßig scheinende Einrichtung öffentlicher Prüfungen zu sprechen.

Wetzlar bittet um gütige Nachsicht für sich und alle Zöglinge dieser Schule.

Gesang aus der 2. Abtheilung, Nr. 22.

Eins. St.
1. Öffnet, Brüder! Ohr und Herz
Weisem Unterricht.
Lernen sei euch Freud und Scherz;
Lernen ist ja Pflicht.
Um zu lernen sind wir hier;
Lernen, lernen wollen wir.

Chor der Kinder.
Ja, zum Lernen sind wir hier,
Lernen, lernen wollen wir.

2. Nichts darf unsern Sinn zerstreun:
Hier ist Zeit und Ort
Still und aufmerksam zu sein
Auf des Lehrers Wort.
Weg mit aller Neckerey,
Weg mit Spiel und Tändeley.

Chor der Kinder wiederholt die 2 letzten Zeilen.

Eins. St.
3. Wer hier plauderhaft und wild
Andre Kinder stört,
Wer die leere Bank nur füllt
Und nicht sieht und hört:
O! der bringt's nicht hoch hinan,
Lernt nicht, was er lernen kann.

Chor.
Nein, der u. s. w.

Eins. St.
4. Lernet Hänschen jung und klein,
Wie das Sprüchwort spricht,
Nicht schon klug und artig sein,
Lernt auch Hans es nicht.
Bäumchen sind noch jung und zart,
Alte Stämme steif und hart.

Chor.
Bäumchen u. s. w.

Eins. St.
5. Drum, ihr Brüder! lernet früh.
Jetzt ist's Zeit dazu.
Scheut nicht Arbeit, scheut nicht
Müh,
Fleiß bringt süße Ruh.
Erst gelernt und dann geruht
Und gescherzt mit frohem Muth

Chor.
Erst u. s. w.

Eins. St.
6. Bürger oder Bauersmann,
Brodherr oder Knecht,
Wenn er wenig weiß und kann,
Geht's ihm endlich schlecht.
Dummheit kommt an keinem Ort,
Kommt bei keinem Menschen fort.

Chor.
Dummheit u. s. w.

Eins. St.
7. Doch der Weise lebt beglückt,
Kann mit Recht sich freu'n.
Er nur erntet, froh entzückt,
Reiche Früchte ein.
Welch ein Gut ist der Verstand!
Wohl dem, der ihn sucht und fand!

Chor.
Ja, ein Gut u. s. w.

Eins. St.
8. Darum öffnet Ohr und Herz
Weisem Unterricht.
Lernen sei euch Freud und Scherz
Lernen ist ja Pflicht.
Um zu lernen sind wir hier;
Lernen, lernen wollen wir.

Chor.
Ja, zum Lernen u. s. w.

Kulisch spricht über einiges aus der Erdbeschreibung mit den Schülern der 3. Abth.
Miltenberg spricht über Erdbeschreibung und Geschichte mit der 3. u. 2. Abth.
Wetzel spricht die Fabel von Pfeffel (oder Dattelbaums).

Gesang II. Abth., Nr. 48.

1. Brüder, laßt uns fleißig sein
In der frühen Jugend,
Unsre Eltern zu erfreun
Durch Verstand und Tugend.
Fleißig sein bringt vieles ein;
Laßt den Trägen träumen!
Wir, wir wollen fleißig sein,
Keine Zeit versäumen.

2. Menschen, die verständig sind,
Lassen sich nicht treiben;
Freudig lernt ein gutes Kind,
Wird auch fleißig bleiben.
Träge Thiere treibt man nur,
Zwingt sie mit Zäumen.
Du, von geistiger Natur,
Mußt nichts Gut's versäumen.

3. Faulheit lohnt mit Unverstand,
Armuth, Spott und Schande;
Das ist Jedermann bekannt.
Auch in unserm Stande.
O, drum laßt uns fleißig sein,
Zeit und Kräfte nützen!
Gott mit uns, denn er allein
Kann uns unterstützen.

Kulisch und Gallus stellen Übungen im Rechnen aus dem Kopfe und an der Tafel an mit den Schülern der 3. Abtheilung.
Koehlein mit den Schülern der 2. u. 1. Abth.

Gesang Nr. 84.
Mel.: Ich dank dir schon.

1. Wir danken, guter Vater, dir
Für alle guten Lehren,
Die du in dieser Schule hier
Uns heute lassest hören.

2. O laß uns unsrer Pflicht bewußt
Uns deines Beifalls freuen,
Und lernen stets mit neuer Lust,
Nie Fleiß und Mühe scheuen.

Wernig empfiehlt in einer Erzählung von Kleist Aufopferung aus Freundschaft.
Diehl prüft alle Schüler aus der 2. und 1. Abtheilung im Richtigschreiben.
Matthiä hält praktische Übung in den Anfangsgründen der französischen Sprache.

Religiöser Gesang, I. Abtheilung, Nr. 91.

Mel.: Nun danket Alle Gott.

1. Froh steigt jetzt unser Dank
Aus kindlichem Gemüthe
Zu dir, wir preisen laut,
Gott, deine Vatergüte.
Du ließ'st den Prüfungstag
Uns froh vorübergeh'n
Und bei der Rechenschaft
Den Fleißigen besteh'n.

2. Verleih uns ferner Kraft,
Der Tugend nachzustreben.
Laß jeden unter uns
Gewissenhaft stets leben;
Damit er furchtsam nie
Des Fleißes Prüfung scheu!
Ja gib, daß jeder sich
Der Schulzeit spät noch freu.

3. Der treuen Lehrer Fleiß
Kennst du, der alles siehet;
Dem keine edle That
Je unbemerkt entfliehet.
Belohne ihren Fleiß.
Vergilt du ihr Bemüh'n,
Laß künftig noch durch sie
Viel Kinder hier erzieh'n.

Freytags nachmittags beginnt die Prüfung ebenfalls mit einem religiösen Gesang,
Nr. 90, I. Abtheilung.

Mel.: Nun danket Alle Gott.

1. Mit väterlicher Huld,
Herr, hast du unserm Leben
Von früher Kindheit an
Des Guten viel gegeben;
Und an der Weisheit Quell
Durch treuen Unterricht
Zur Wahrheit uns geführt,
Zur Tugend und zur Pflicht.

2. Auch hier vereintest du
Uns, Gott, aus Vatergüte;
Auch hier entwickelt sich
Des Geistes zarte Blüthe.
Wir geh'n der Weisheit Pfad
An treuer Lehrer Hand,
Uns bindet früh schon hier
Der Jugend Freundschaftsband.

3. Auch heute wollen wir
Mit Dank zu dir uns freuen;
O dürfte Keiner heut
Verletzte Pflicht bereuen!
Der Fleißige hat Lohn,
Den Trägen quälet Reu.
Uns fließe Jugendzeit
Nicht ungenützt vorbei.

Geprüft werden im Sprechen die Schüler der 5. u. 4. Abtheilung.

Geprüft werden im Benennen deutsch und lateinisch gedruckter Buchstaben die Schüler der 5. u. 4. Abtheilung von Retzer.

Geprüft werden im Benennen deutsch und lateinisch geschriebener Buchstaben die Schüler der 4. u. 3. Abtheilung von Retzer.

Geprüft werden im Buchstabieren aus dem Kopfe die Schüler der 3. Hauptabth. von Kirschten.

Geprüft werden im Buchstabieren aus dem Buche die Schüler der 4. und 3. Unterabtheilung der 3. Hauptabtheilung von Retzer.

Geprüft werden im Lesen die Schüler der 1. Unterabth. der 3. Hauptabth. von Klitscher.

Geprüft werden im Lesen die Schüler der 2. Hauptabtheilung von Kulisch.

Geprüft werden im Lesen die Schüler der 3. Hauptabtheilung von Klitscher.

Gesang aus Klitschers Liedersammlung, Abth. II, Nr. 21.

1. O, wie ist's so schön
In die Schule gehn
Und was lernen drin!
Jeder Augenblick
Mehret da mein Glück,
Fliebt genützt dahin.

2. Meines Lehrers Schweiß,
Meinen treuen Fleiß
Sieht der gute Gott;
Und er legt darein
Segen und Gedeihn
Dieser gute Gott!

3. Früher schwingt mein Herz
Sich auch himmelwärts,
Wenn es Tugend lernt;
Engel lieben mich,
Wenn das Böse sich
Früh von mir entfernt.

4. Die Religion
Führt mich Erdensohn
Da zum Himmel an,
Heiligt mein Bemüh'n,
Lehrt mich Laster fliehn,
Gehn der Tugend Bahn.

5. Meiner Seele Trieb
Hat dann Weisheit lieb
Und wird fromm und gut;
Jede Wissenschaft
Schärft des Geistes Kraft
Und erhebt den Muth.

6. Ja, der Schule sei
Stets mein Herz getreu,
Lernen lohnt mit Lust;
Tugend macht uns schön
Aber Müßiggehn
Schändet jede Brust.

Über einiges von dem, was und wie ein Mensch aus Liebe zu sich und Anderen denken, fühlen, wollen, sprechen, was er thun und lassen sollte, bespricht sich Klitscher mit Schülern der 3. u. 2. Hauptabtheilung.

Über einiges, was dieser Rechtschaffene von seinem Gott gläubig hofft, bespricht sich Klitscher mit Schülern der 1. Hauptabtheilung.

Beweise von den Übungen, sich schriftlich ausdrücken zu lernen, legt Diehl vor von Schülern der 1. Hauptabtheilung.

ABC der Anschauung nimmt Kirschten vor mit Schülern der 3., 2. u. 1. Abtheilung.

Einiges aus der Meßkunde nebst Probezeichnungen bringt Kirschten dem öffentlichen Urtheile dar.

Probeschriften aller Zöglinge dieser Anstalt hat Diehl vorzulegen.

Gesang II, Nr. 156.

1. Wohl dem, der nicht in Trauer schwimmt
Bei jeder Kleinigkeit,
Und wie das Glück die Leyer stimmt,
Die Hand zum Tanze beut!

2. Dem die Natur den Rücken nicht
Zu leicht und leck gemacht;
Der frei dem Schicksal in's Gesicht
Mit seinem Bündel lacht.

3. O Lachen! süßes theures Gut!
Du machst das Auge hell,
Und steifer Adern schweres Blut
Zum Hüpfen wieder schnell.

4. Mit deinem Schild umhangen eil
Ich heiter durch die Welt;
Bin ruhig, wenn der Dummheit Pfeil
Wie Hagel auf mich fällt.

5. Was ist's um alles Aergerniß
Bey Thoren doch gethan!
Die Kappe bleibet ohne Riß
Und fester wird ihr Wahn.

6. Auch härmt dabey der Wange Rund
Sich zum Gerippe ab,
Allein der Lacher bleibt gesund
Und überspringt das Grab.

Schmidt empfiehlt großmüthige Aufopferung zu Anderer Bestem.

Über einige Theile des Unterrichts in unserer Muttersprache spricht Miltenberg mit der 1. Abtheilung.

Kulisch mit der 2. Abtheilung.

Klitscher redet hierauf nur weniges, was freilich die ihm Anvertrauten zunächst, doch nicht einzig und allein angeht, zu Kulisch, einem lehrfähigen Förderer unserer Schule, der seine äußere Lage durch Weggehen zu verbessern genöthigt wurde.

Gesang II, Nr. 7.

1. Wer ist ein freier Mann?
Der das Gesetz verehret,
Nichts thut, was es verwehret,
Nichts, wenn er es auch kann;
Der ist ein freier Mann.

2. Wer ist ein freier Mann?
Wem seinen Glauben
Kein frecher Spötter rauben,
Kein Leichtsinn meistern kann;
Der ist ein freier Mann.

3. Wer ist ein freier Mann?
Der selbst in einem Heiden
Die Tugend unterscheiden,
Den Menschen schätzen kann.
Der ist ein freier Mann.

4. Wer ist ein freier Mann?
Dem nicht Geburt noch Titel,
Nicht Sammtrock oder Kittel
Den Menschen bergen kann.
Der ist ein freier Mann.

5. Wer ist ein freier Mann?
Der treu in seinem Stande
Auch selbst vom Vaterlande
Den Undank dulden kann.
Der ist ein freier Mann.

6. Wer ist ein freier Mann?
Der, muß er Gut und Leben
Gleich für die Tugend geben,
Doch nichts verlieren kann.
Der ist ein freier Mann.

7. Wer ist ein freier Mann?
Der bei des Todes Rufe
Froh auf des Grabes Stufe
Nach rückwärts blicken kann.
Der ist ein freier Mann.

Naturgeschichte mit allen Zöglingen der Anstalt hat Klitscher.

Brunner spricht vom Betragen eines zwar ungebildeten, aber uns Wohl seiner Kinder zärtlich besorgten Vaters durch Gellerts Fabel, »der Informator« betittelt.

Gesang II, Nr. 110.

1. Die Erde ist kein Jammerthal,
Sie hat auch ihre Freuden
Und meistens in viel größrer Zahl,
Als Traurigkeit und Leiden.
Wer sich auf alles Wermuth streut,
Der ist fürwahr nicht recht geschoult!

Chor.
Es lebe, es lebe die Fröhlichkeit!

2. Wir wollen immer fröhlich sein
Und allen Gram vergessen;
Das Klagen bringt uns doch nichts ein,
Und in dem Rock mit Tressen
Steckt oft mehr Unzufriedenheit,
Als unterm schlechten Bauernkleid.

Chor.
Hier wohnt, hier wohnt Zufriedenheit.

3. Und warum sollt ich mich nicht freun,
Gott hat's nicht untersagt;
Auch wird's gewiß ihm lieber sein,
Als wenn man immer klagt.
Drum bleib ich stets in meinem Sinn
Mit dem zufrieden, was ich bin.

Chor.
Wir haben, wir haben frohen Sinn.

4. Die Lebenszeit hat großen Werth,
Wenn man sie nicht verschwendet,
Hingegen so, wie sich's gehört,
Sie klug und wohl verwendet,
Zum Heil für andre Menschen lebt,
Sie und sich selbst zu bessern strebt.

Chor.
Es lebe, es lebe was nützlich lebt!

5. Wer seinen Nächsten redlich liebt
Und Gutes ihm erweiset,
Mit Vorsatz keinen je betrübt,
Den Armen labt und speiset,
Als Menschenfreund und Christ hier lebt,
Der stirbt nicht, wenn man ihn begräbt.

Chor.
Es lebe, es lebe was christlich lebt!

Hier muß die Prüfung der etwaigen Kenntnisse und Fertigkeiten zum Leidwesen für die besseren Lehrer dieser Bildungsanstalt für diesmal schließen.

Jetzt spricht Klitscher nur kurz noch das Urtheil jener besseren Mitarbeiter über öffentlichen und häuslichen Fleiß, dann über die Eigenschaften, welche unsere Zöglinge als Glieder dieser Bildungsanstalt gezeigt haben, öffentlich aus und beschließt die Feierlichkeit mit Darlegung einiger Gedanken, Wünsche und Vorschläge, die ihm die Seele füllen*).

*) Dieser Plan wurde vor der Prüfung dem Konsistorium vorgelegt und von demselben genehmigt.

Anhang III.

Erstes Schülerverzeichnis der Musterschule.

	Name	geb.			Eintr.			Vater.	Vaterland.
1.	Hof, Karl	gb.	7.	1796	Eintr. 18.	4.	1803	Gastwirth	Frankfurt.
2.	Hof, Nikolaus	»	7.	97	» 18.	4.	»	»	»
3.	Lange, Karl, Volpert	»	4.	97	» 18.	4.	»	Kaufmann	»
4.	Seuffert, Simon Moritz	»	4.	98	» 18.	4.	»	»	»
5.	Hoffmann, Jak. Georg	»	8.	97	» 18.	4.	»	Musikus	Sachsenhausen.
6.	Schmidt, Marcus				» 18.	4.	»	Rathsherr	Sachsenhausen.
7.	Klitscher, Wilh Aug.	»	9.1.	1800	» 18.	4.	»	Lehrer am Gymn.	Frankfurt.
8.	Scheidel, Heinr. Franz				» 19.	4.	»	Kaufmann	Frankfurt.
9.	Brunner, Jak. Karl	»	5.9.	1796	» 20.	4.	»	Schuhmacher	»
10.	Wetzel				» 28.	4.	»	Dr. der Rechte	»
11.	Riese, Johann	»	—6.	96				Arzt	»
12.	Schmidt, Friedr. Jakob				» 2.	5.	»	Rathsherr	Sachsenhausen.
13.	Mayer, Juda	»	2.3.	97	» 3.	5.	»	Handelsmann	Frankfurt.
14.	Wagner, Joh. Christian	»	19.3.	98	» 7.	5.	»	»	»
15.	Wernigh, Joh. Gottl.				» 16.	5.	»	Perüquier	»
16.	Malors, Christian	»	28.10.	98	» 16.	5.	»	Kaufmann	»
17.	Spener, Peter				» 17.	5.	»	Destillateur	»
18.	Engelhard, Georg Heinr.	»	12.7.	98	» 6.	6.	»	Conditor	»
19.	Hoffmann, Aug.	»	3.	97	» 1.	7.	»	bei H. Jordis, Ausl.	
20.	Wunderlich, Alexis	»	18.7.	92	» 13.	7.	»	Handelsmann	Dornholzhaus.
21.	Hoffmann, Hern.				» 8.	8.	»	»	Frankfurt.
22.	Oehler, Kl Gottl. Reinh.	»	1.9.	98	» 8.	8.	»		
23.	Schmidt, Ludwig				» 29.	8.	»	Wirth	
24.	Meyer, Kulp				» 29.	10.	»	Handelsmann	»
25.	Gmelin				» 24.	10.	»	»	»
26.	Linz				» 29.	10.	»	»	»
27.	Eckhard				» 7.	11.	»	Gärtner	»
28.	Goldschmidt, David	»		98	» 7.	11.	»	Handelsmann	»
29.	Boch				» 1.	12.	»		
30.	Bayrbach				» 5.	12.	»		
31.	Gellert, Nikolaus		10.	97	» 9.1.		1804	Musikus	Sachsenhausen.
32.	Gundersheim				» 9.	1.	»		Frankfurt.
33.	Herz				» 16.	1.	»		»

							Vater.	Vaterland.
34. Ameis				Eintr.	16.	1. 1804	Wirth	Frankfurt.
35. Ameis				»	16.	1. »	»	»
36. Weintraub, Moses (1. Pflegl. d. Philanthr.)				»	26.	1. »	Handelsmann	Pruth (Brody i. Polen).
37. Mack, Joh. Conr. . . gb.			10. 98	»	1.	2. »	»	Frankfurt.
38. Koehl				»	18.	2. »	Schneider	»
39. Lindheimer, Joh. Phil.	»	20.	3. 98	»	27.	2. »	Bierbrauer	»
40. Müller, Caspar	»	15.	7. 99	»	19.	3. -	Kassirer	»
41. Fink, Joh. Mart.	»	25.	5. 93	»	6.	3. »	Gastwirth	»
42. » Georg, Daniel	»	3.	6. 95	»	6.	3. »	»	»
43. » Joh. Peter	»	15.	2. 99	»	6.	3. ?	»	»
44. Hölzle, Franz				»	12.	3. »	Kaufmann	»
45. Theissinger, Joh.				»	12.	3. »	»	»
46. Neubauer, J. Kasp. Frd.	»		96	?	20.	3. »	Kupferst.	»
47. Reinganum, Aaron	»	7.	1. 97	»	9.	4. »	Handelsmann	»
48. Schuster, Isaak				»	5.	4. »	»	»
49. Bamberger, Theod.	»		97	»	9.	4. »	»	»
50. Schwan, Friedr.				»	9.	4. »	Güterbestätter	»
51. Sichel, Jakob	»	2.	1801	»	16.	4. »	Handelsmann	»
52. Gebhard, Christian	»	1.	96	»	18.	4. »	»	»
53. » Friedr.	»		98	»	18.	4. »	»	»
54. Clausius, Georg Wilh.	»		96	?	23.	4. »	»	»
55. Rindskopf, Moses	»		99	»	30.	4. »	»	»
56. Hartmann, Joh. Pet.	»		93	»	30.	4. »	Gärtner	»
57. Sauerwein, Johs.	»	7.	98	»	3.	5. »	Bäcker	»
58. Kahn, Jakob	»		91	»	3.	5. »	Handelsmann	»
59. Gladbach, Martin	»		1800	»	3.	5. »	Arzt	»
60. Dietzch, Joh. Karl	»	9.	94	»	7.	5. »	Handelsmann	»
61. Goldschmidt, Isaak	»	20. 12.	98	»	7.	5. »	»	»
62. Petsche, Ludw. Joh.	»	14. 6.	99	»	11.	5. »	»	»
63. Schuster, Seligmann	»		96	»	11.	5. »	Banquier	»
64. Haas, Salomo	»		1801	»	7.	5. »	Handelsmann	»
65. Gwinner, Philipp.	»	1.	97	»	20.	5. »	Oekonom	»
66. Howard, Wilh.	»		1800	»	29.	5. »	Handelsmann	»
67. Perrault, Georg	»	21. 4.	98	»	4.	6. »	Engl. Sprachlehrer	»
68. Rothschild, Seligmann				»	4.	6. »	»	
69. Flörsheim, Seligmann	»	5.	99	»	4.	6. »	Handelsmann	»
70. Reus, Israel	»		98	»	13.	6. »	»	»
71. Wetzlar, Nathan	»		94	»	18.	6. »	»	»
72. Pilgram, Georg Friedr.	»	10.	98	»	25.	6. »	»	»
73. Rumpf, Adam	»		92	»	2.	7. »	»	»
74. Emden	»			Eintr.	4.	7. »	»	»
75. Emden				»	4.	7. »	»	»
76. Oppenheimer				»	4.	7. »	»	»
77. Falda, Jakob	»		1800	»	6.	7. »	Musikus	»

							Vater.	Vaterland.
78. Breutz, Karl Ldw.	. .	gb.	1800	Eintr.			Kaufmann	Frankfurt.
79. Müller, Christ.	. .	»	93		8. 7. 1804	Bierbrauer	»
80. Boch, Joh. Georg	. .	»	91	»	10. 7.	»	Techniker	»
81. » Joh. Kaspar	. .	»	93	»	10. 7.	»		»
82. » Joh. Sigism.	. .	»	99	»	10. 7.	»		»

Mädchen.

							Vater.	Vaterland.
1. Mosche, Amalie . . .				Eintr.	13. 4. 1803	Corrector a. Gymn.	Frankfurt.
2. Andler, Wilhelmine . .				»	13. 4.	»	Metzgermeister	»
3. März, Soph. Cath. . .	gb.		8. 98	»	1. 5.	»	Handelsmann	»
4. Henkelmann, Mar. . .	»		10. 95	»	3. 5.	»	Weissbindermeister	»
5. Mayer, Henriette . .	»	24.	4. 98	»	4. 5.	»	Handelsmann	»
6. Löschlein				»	3. 7.	»	Schneidermeister	»
7. Bertholé				»	6. 10.	»	Handelsmann	Homburg.
8. Gladbach				»	1. 11.	»	Arzt	Frankfurt.
9. Mosche, Auguste . .							Corrector a. Gymn.	»
10. Schott				»	2. 11.	»	Handelsmann	»
11. Ameis				»	16. 1. 1804	Gastwirth	»
12. Hammeran, Kath. Elise	»		96	»	6. 2.	»	Schlossermeister	»
13. Lindheimer, A. M. . .	»		96				Bierbrauer	»
14. Fink, Anna Maria . .				»	6. 3.	»	Gastwirth	»
15. Bayerbach, Maria Eleon	»		94	»	7. 5.	»	Zinngiesser	»
16. Schner, Auguste. . .	»		94	»	7. 5.	»	Beamter	»
17. » Karoline . . .	»		92	»	25. 5.	»	»	»
18. Klar, Elisabetha . . .	»	11.	97	»	30. 5.	»	Handelsmann	»
19. Reus, Bettch. Löb . .	»		96	»	11. 6.	»	»	Offenbach.
20. Zunz, Johanna . . .	»		93	»	25. 6.	»	»	Frankfurt.
21. » Katharina . . .	»		93				»	»
22. Wetzlar, Joh. . . .	»		93	»	2. 7.	»	»	»
23. Falda, Elis. Jak. . .	»		91				Musikus	»
24. » Sus. Mar. . .	»		95				»	»
25. Wertheimer, Henr. . .	»		93	»	8. 7.	»	Handelsmann	»
26. Ludwig, Johanna . .	»		95	»	8. 7.	»	Schneidermeister	»
27. Boch, Joh. Elisab. . .				»	— 10.	»	Tuchbereiter	»
28. Rindskopf, Betty . .	»		98	»	— 10.	»	Kaufmann	»
29. Jaeger, Friederike . .	»		92	»	— 10.	»	Weinhändler	»
30. » Rosina . . .	»		98	»	— 10.	»	»	»

Anhang IV.

Pläne des neuen Schulgebäudes und der Turnhalle.

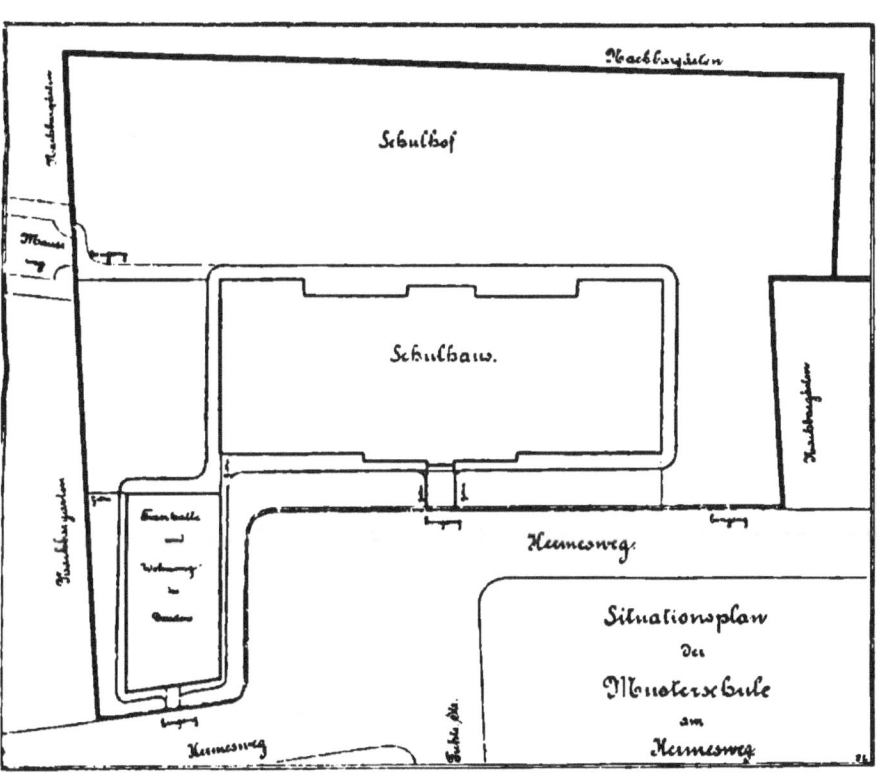

Musterschule.

Erdgeschoss.

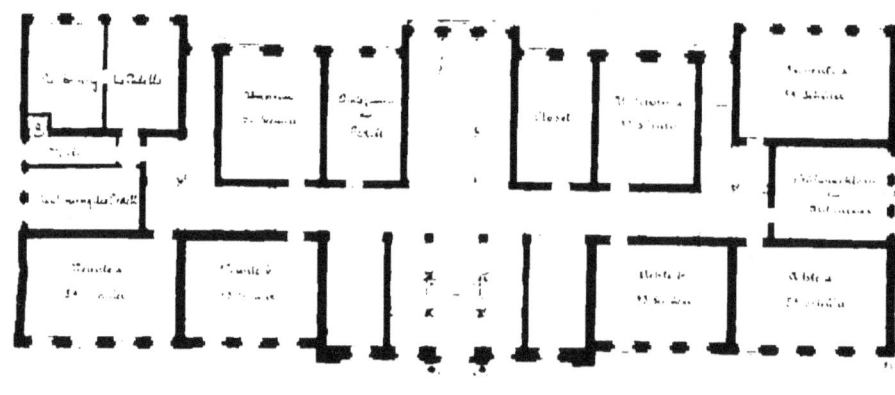

Erster Stock.

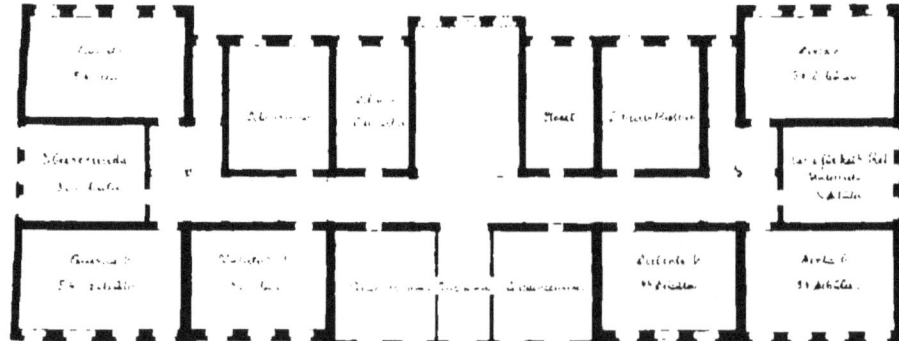

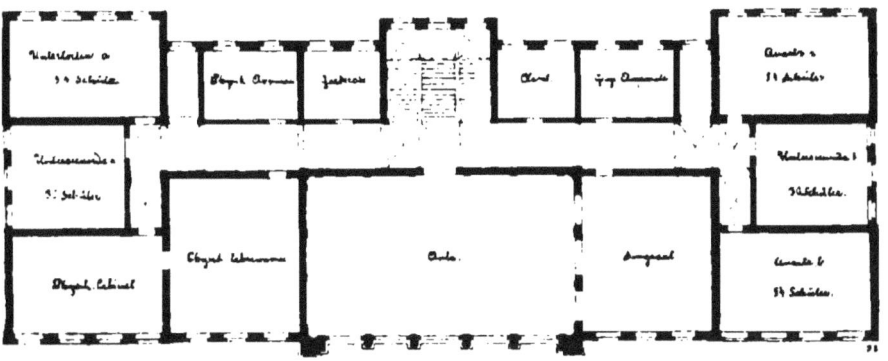

Zweiter Stock.

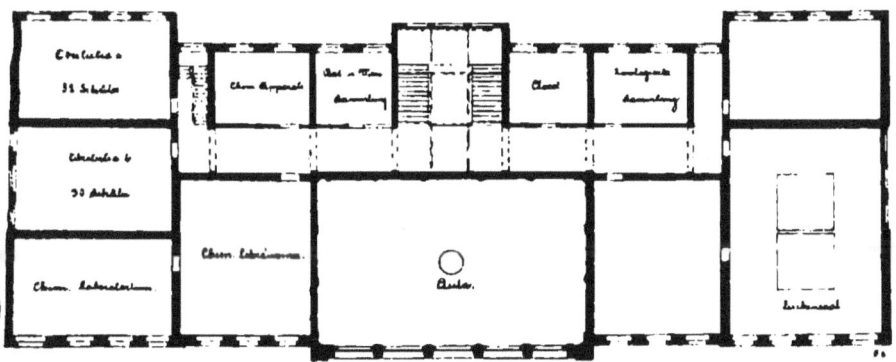

Dritter Stock.

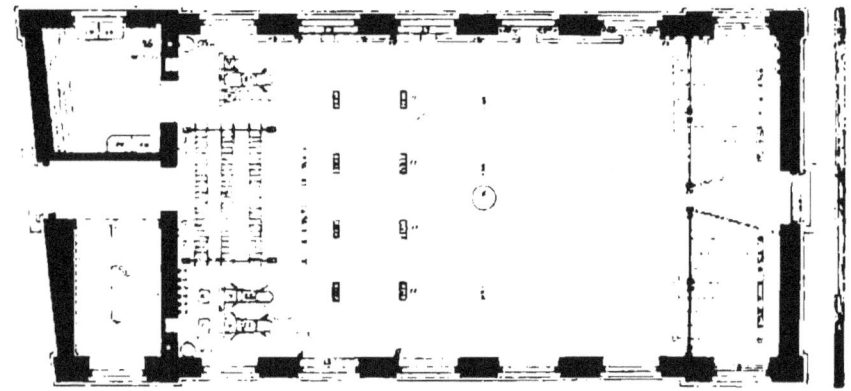

www.ingramcontent.com/pod-product-compliance
Lightning Source LLC
Chambersburg PA
CBHW020245090426
42735CB00010B/1840